2007년 한국항공우주 및 방위산업전시회 개막식

대통령 노무현 · 사회자 정현필

2005년 제53기 공군사관학교 임관식

대통령 노무현 · 학교장 김명립 · 사회자 정현필

국립 한밭대학교 옴니버스 일반강좌

초청강사 정현필

머리말

인간(人間)은 그 자체(自體)로 존경(尊敬)받는 존재(存在)이며 예의(禮儀)는 인간이 갖추어야하는 근본 교양으로서 상호 존경을 표현하는 언어(言語)와 행동(行動)을 말한다.

예의(禮儀)는 불어로 에티켓(tiquette), 영어는 매너(manner)라고 하며 인간의 품위(品位)를 나타내는 덕목(德目)을 말한다.

인간을 인간답게 하는 예의(禮儀)는 아랫사람이 윗사람에게, 윗사람이 아랫사람에게, 동료와 동료 간에 갖추어야하는 언어와 행동으로서 준수하여야 할 예법과 금지하여야 할 예법으로 이루어져 있다.

스포츠(sports)의 매너는 골프규칙 제1장 에티켓(Etiquette)과 같이 스포츠 현장에서 지켜야 할 사항을 국제경기연맹에서 규칙으로 제정해 놓았다.

지구촌(地球村)의 다인종, 다민족, 다국가, 다언어, 다종교, 다법률, 다문화로 구성된 다양성(多樣性)을 하나의 경기규칙(룰 : rule)으로 공동체를 이루게 하는 것은 스포츠이다.

글로벌시대 지구촌의 다양성을 이해하고, 존중하며, 교류하고, 공존하도록 하는 스포츠의 매너는 스포츠맨의 품위(品位)를 높이고 존경(尊敬)받게 하는 고귀한 덕성(德性)이므로 지도자와 선수 모두가 글로벌 인성교육과 스포츠맨십의 함양을 통하여 지덕체(智德體)를 갖출 수 있도록 교육체계를 재정립하여야 할 것이다.

차 례

제1장 교육 목적(目的) ········· 1

제2장 용어의 정의(定義) ········· 3

제3장 체육인의 윤리강령과 예의(禮儀) ········· 7

제1절 체육인 윤리강령(倫理綱領) ········· 7

1. 주관기관 대한체육회 ········· 7

제2절 스포츠의 예의(禮儀) ········· 11

1. 예의(禮儀)의 준수사항과 금지사항 ········· 11
2. 스포츠의 수양(修養 : 심신을 닦아 지덕을 계발함) ········· 11
3. 스포츠의 예절(禮節 : 예법의 절차) ········· 11
4. 스포츠 예절의 실천(實踐) ········· 11

제3절 스포츠인의 책무(責務) ········· 12

1. 기관장·감독·코치의 책무(責務) ········· 12
2. 체육인의 책무(責務) ········· 12
3. 심판의 책무(責務) ········· 12

제4장 인간과 스포츠(sports) ········· 13

제1절 인간의 성품 유형(類型) ········· 13

1. 인간의 두뇌 속성(屬性) ········· 13
2. 인간의 체질 속성(屬性) ········· 15
3. 인간의 사상체질 속성(屬性) ········· 15
4. 인간의 혈액형 속성(屬性) ········· 17
5. 남방계와 북방계 속성(屬性) ········· 19
6. 인간의 생체리듬(生體리듬 : biorhythm) 속성(屬性) ········· 21
7. 인간의 성격 속성(屬性)과 인성교육 방향 ········· 22

제2절 스포츠의 사회성(社會性) ········· 24

1. 스포츠의 도덕성(道德性) ········· 24
2. 스포츠의 겸손(謙遜) ········· 24
3. 스포츠의 배려(配慮) ········· 25
4. 스포츠의 규칙성(規則性) ········· 25
5. 스포츠의 사회적 문제점과 대책(對策) ········· 26
6. 미국 육군사관학교의 스포츠맨 우대 정책(政策) ········· 27

제5장 사회의 예절(禮節) ············ 29
제1절 언어 예절(禮節) ············ 29
1. 반말(半-) ············ 29
2. 높임말 ············ 29
3. 낮춤말 ············ 30
4. 하오체(-體) ············ 30
5. 하게체(-體) ············ 30
6. 해라체(-體) ············ 30
7. 친분에 따른 언어 ············ 30
8. 공식 및 비공식 상황의 언어 ············ 30
9. 사회자와 토론자의 언어 ············ 31
제2절 직장 예절(禮節) ············ 31
1. 직장의 경어법 ············ 31
2. 다른 직장 사람에 대한 경어법 ············ 31
3. 직장 안의 사람에 대한 경어법 ············ 32
4. 직장 밖의 사람에 대한 경어법 ············ 33
5. 대통령과 부인의 호칭어와 지칭어 ············ 33
6. 직장의 호칭어 ············ 33

제6장 국내대회 의전(儀典) 매너(manner) ············ 37
제1절 태극기와 다른 기의 게양(揭揚) ············ 37
1. 홀수 경우의 게양 ············ 37
2. 짝수 경우의 게양 ············ 37
제2절 태극기의 거치(据置) ············ 37
1. 행사장의 거치 ············ 37
2. 기관장실의 거치 ············ 37
제3절 태극기의 게시(揭示) ············ 38
1. 실내 행사장의 태극기 게시 ············ 38
2. 태극기와 대통령 존영의 게시 ············ 38
3. 태극기·대통령 존영·국정지표의 게시 ············ 38
4. 태극기와 국정지표의 게시 ············ 38
제4절 국민의례(國民儀禮) ············ 38
1. 정식 국민의례 절차(節次) ············ 38
2. 약식 국민의례 절차(節次) ············ 39
제5절 국기에 대한 경례 절차(節次) ············ 39
1. 제복 착용자의 경례 ············ 39
2. 모자를 쓴 일반인의 경례 ············ 39
3. 모자를 안 쓴 일반인의 경례 ············ 39

4. 행사 참석자의 경례 …… 40
5. 애국가 연주가 들리는 장소에서의 예절 …… 40
6. 차량 탑승자의 예절 …… 40
제6절 의전 서열(序列) …… 40
1. 직위가 있는 서열 …… 40
2. 직위가 없는 서열 …… 40
3. 우리나라의 서열 …… 40
제7절 좌석 배치(配置) …… 41
1. 대통령 내외분 참석 시의 단상 배치도 …… 41
2. 대통령 내외분 참석 시의 기념촬영 배치도 …… 42
3. 체육대회 개회식 및 폐회식의 단상 배치도 …… 42
4. 내빈 방문 시의 기념촬영 배치도 …… 42
5. 홀수 참석 시의 기념촬영 배치도 …… 42
6. 짝수 참석 시의 기념촬영 배치도 …… 42
7. 라운드 테이블의 좌석 배치도 …… 43
8. 일반 테이블의 좌석 배치도 …… 43
9. 제1열 2인 보행 시의 배치도 …… 43
10. 제1열 3인 보행 시의 배치도 …… 43
제8절 생활 예절(禮節) …… 44
1. 항공기의 탑승 예절 …… 44
2. 선박의 승선 예절 …… 44
3. 승강기의 탑승 예절 …… 44
4. 승용차의 탑승 예절 …… 44
5. 운전자가 있는 승용차의 서열 …… 44
6. 손수 운전하는 승용차의 서열 …… 44
7. 지프의 서열 …… 45
8. 열병차의 서열 …… 45
9. 열병차를 2대 운영 시의 서열 …… 45

제7장 국제대회 의전(儀典) 매너(manner) …… 47
제1절 태극기와 외국기의 게양(揭揚) …… 47
1. 홀수 경우의 게양 …… 47
2. 짝수 경우의 게양 …… 47
3. 국제연합기·태극기·외국기의 게양 …… 47
4. 태극기와 외국기의 교차 게양 …… 47
5. 국빈 의전 시의 국기 거치 …… 47
6. 국제 의전 시의 탁상기 배치 …… 48
제2절 국가(國歌) 연주 …… 48

1. 국가(國歌)의 연주 순서 ………… 48
제3절 국가(國家) 순서 ………… 48
1. 국가(國家)의 순서 ………… 48
제4절 의전 서열(序列) ………… 48
1. 국빈 의전(儀典) ………… 48
2. 부부 동반 의전(儀典) ………… 48
3. 외빈 의전(儀典) ………… 48
제5절 좌석 배치(配置) ………… 49
1. 국빈 의전 시의 좌석 배치도 ………… 49
2. 라운드 테이블의 부부 동반 좌석 배치도 ………… 49
3. 일반 테이블의 부부 동반 좌석 배치도 ………… 49
제6절 생활 예절(禮節) ………… 50
1. 명함 예절(禮節) ………… 50
2. 소개 예절(禮節) ………… 52
3. 악수 예절(禮節) ………… 53
4. 손등 키스 및 포옹 예절(禮節) ………… 53
5. 호칭 예절(禮節) ………… 53
6. 레이디 퍼스트(Lady First) 예절(禮節) ………… 54
7. 여성이 갖추어야 할 예절(禮節) ………… 54
8. 고급식당 예절(禮節) ………… 55
9. 선물 예절(禮節) ………… 55
10. 질문 예절(禮節) ………… 55

제8장 종목별 매너(manner) ………… 57
제1절 골프 매너(manner) ………… 57
1. 미국골프협회(USGA)와 영국왕립골프협회(R & A)에서 공동 제정한 골프규칙의 에티켓(Etiquette)의 준수 및 금지사항 ………… 57
제2절 등산 매너(manner) ………… 61
1. 대한산악연맹(KAF) 등산교실의 준수 및 금지사항 ………… 61
제3절 래프팅 매너(manner) ………… 68
1. 국제래프팅연맹(IRF) 경기규칙의 준수 및 금지사항 ………… 68
제4절 볼링 매너(manner) ………… 70
1. 세계볼링협회(WTBA) 경기규정의 준수 및 금지사항 ………… 70
제5절 배드민턴 매너(manner) ………… 75
1. 배드민턴세계연맹(BWF) 경기규정의 준수 및 금지사항 ………… 75
제6절 수상스키 매너(manner) ………… 78
1. 국제수상스키·웨이크보드연맹(IWWF) 경기규칙의 준수 및 금지사항 ………… 78
제7절 수영 매너(manner) ………… 81

1. 대한수영연맹(KSF) 경기규칙의 준수 및 금지사항 ······················ 81
제8절 스키 매너(manner) ·· 85
1. 국제스키연맹(FIS) 경기규칙의 준수 및 금지사항 ······················ 85
제9절 야구 매너(manner) ·· 88
1. 국제야구연맹(IBAF)) 경기규칙의 준수 및 금지사항 ···················· 88
제10절 축구 매너(manner) ·· 96
1. 국제축구연맹(FIFA)의 경기규칙의 준수 및 금지사항 ················ 96
제11절 태권도 매너(manner) ·· 104
1. 대한태권도협회(KTA) 겨루기 경기규칙의 준수 및 금지사항 ··· 104
2. 대한태권도협회(KTA) 품새 경기규칙의 준수 및 금지사항 ······· 108
제12절 테니스 매너(manner) ·· 110
1. 대한테니스협회(KTA) 경기규칙의 준수 및 금지사항 ················ 110

제9장 스포츠 관련 법규(法規) ·· 115
제1절 국민체육진흥법 ·· 115
1. 주관기관 ·· 115
제2절 국민체육진흥법 시행령 ·· 135
1. 주관기관 ·· 135
제3절 국민체육진흥법 시행규칙 ··· 159
1. 주관기관 ·· 159
제4절 대한체육회 정관 ··· 165
1. 주관기관 ·· 165
제5절 선수등록 규정 ·· 178
1. 주관기관 ·· 178

참고 문헌 ··· 191

제1장

교육 목적(目的)

이 강좌(講座)는 스포츠 매너에 대한 이해(理解)와 실천(實踐)을 통해 균형적인 인간성품 함양과 도덕적인 시민정신을 함양하여 불완전한 인간을 완전에 이르도록 하고 사회 발전에 기여하도록 하는데 그 목적이 있다.

제2장

용어의 정의(定義)

1. 스포츠(sports)

스포츠란 유희·경쟁·신체 단련의 요소를 지닌 운동의 총칭을 말한다.

2. 스포츠맨(sportsman)

스포츠맨이란 체육인(體育人)을 말한다.

3. 스포츠맨십(sportsmanship)

스포츠맨십은 운동정신(運動精神)으로서, 경기의 승패에 구애(拘礙)됨이 없이 정정당당하게 경기규칙을 준수하는 체육인(體育人)의 인격(人格)과 도덕적(道德的) 행동(行動)을 말한다.

4. 예(禮 : 예도 례)

예란 사람이 마땅히 지켜야하는 의칙(儀則 : 거동 의, 법 칙)을 말한다.

5. 예의(禮儀)

예의란 사람이 사회생활에서 마땅히 지켜야하는 규범(規範)으로서, 예법에 따라 존경심(尊敬心)을 표현하는 언어(존댓말)와 행동(인사·배려·겸손)을 말한다.

6. 범절(凡節)

범절이란 절차(節次)를 말한다.

7. 예법(禮法)

예법이란 예의(禮儀)의 규범(規範)을 말한다.

8. 예절(禮節)

예절이란 예법(禮法)에 따른 절차(節次)를 말한다.

9. 예식(禮式)

예식이란 예법(禮法)에 따른 의식(儀式)을 말한다.

10. 에티켓(불어 : étiquette)

에티켓이란 예의(禮儀)를 말한다.

11. 매너(manner)

매너란 예의(禮儀)를 말한다.

12. 룰(rule)

룰이란 경기규칙(競技規則)을 말한다.

13. 함양(涵養)

함양이란 학문과 식견을 넓혀서 심성(心性)을 닦는 것을 말한다.

14. 인격(人格)

인격이란 지덕체(智德體)를 갖춘 사람의 품격(品格)을 말한다.

15. 인성(人性)

인성이란 인간의 성품(性品)을 말한다.

16. 성품(性品)

품이란 인간의 성질(性質)과 품격(品格)을 말한다.

17. 성질(性質)

성질이란 사람의 타고난 기질(氣質)을 말한다.

18. 품격(品格)

품격이란 사람에게서 느껴지는 품위(品位)를 말한다.

19. 품위(品位)

품위란 사람이 갖추어야할 기품(氣品)과 위엄(威嚴)을 말한다.

20. 도(道)

도란 준수(遵守)하여야 할 덕(德)을 말한다.

21. 덕(德)

덕이란 도(道)를 행하여 체득(體得)한 품성(品性)을 말한다.

22. 도덕(道德)

도덕이란 생활규범(規範)을 준수(遵守)하여 체득(體得)한 품성(品性)을 말한다.

23. 윤리(倫理)

윤리란 사람이 지켜야할 도리(道理)로서, 사회규범(社會規範)을 말한다.

24. 도리(道理)

도리란 사람이 행하여야 할 바른 이치(理致)를 말한다.

25. 규범(規範)

규범이란 판단, 평가, 행위의 기준이 되는 사회법규(社會法規)와 관례(慣例)를 말한다.

26. 법규(法規)

법규란 국민(國民)의 권리(權利)와 의무(義務)를 규정하여 활동의 기준이 되는 법률, 시행령, 시행규칙, 규정, 훈령, 예규, 지침, 고시, 공고, 규정 등을 말한다.

27. 관례(慣例)

관례란 이전부터 내려오는 관습(慣習)을 말한다.

28. 법률(法律)

법률이란 국회에서 제정한 규범(規範)을 말한다.

29. 시행령(施行令)

시행령이란 법률에 의거 대통령령으로 정한 명령을 말한다.

30. 시행규칙(施行規則)

시행규칙이란 법률에 의거 총리령, 부령으로 정한 명령을 말한다.

31. 규정(規程)

규정이란 국가기관, 공공기관에서 법규형식으로 정한 규칙을 말한다.

32. 훈령(訓令)

훈령이란 상급관청이 하급관청에 내리는 명령을 말한다.

33. 예규(例規)

예규란 국가기관, 공공기관, 회사에서 법규형식으로 정한 내부 규칙을 말한다.

34. 고시(告示)

고시란 행정기관에서 게시하여 알리는 문서를 말한다.

35. 공고(公告)

공고란 국가기관, 공공기관에서 게시하여 알리는 문서를 말한다.

36. 지침(指針)

지침이란 사무 및 행동 절차를 규정한 문서 형태의 준칙을 말한다.

제3장

체육인의 윤리강령과 예의(禮儀)

제1절 체육인 윤리강령(倫理綱領)

1. 주관기관

대한체육회

체육인 윤리강령

[제정 2005. 2. 23.]
[일부개정 2007. 9. 1.]

전문

우리 체육인은 오랜 역사와 전통에 빛나는 대한체육회를 중심으로 우리나라 체육 중흥을 위하여 뜻을 같이 한 것에 큰 긍지와 자부심을 갖는다. 우리는 정치, 종교, 사상, 자본 등 외부 세력으로부터 스포츠의 독자성과 순수성을 지켜 나아가며 어떠한 경우에도 스포츠가 개인이나 집단의 이익에 이용되지 않도록 하여야 한다.

우리는 국민의 삶의 질을 높이도록 국민 체육 운동을 추진하는 데 핵

심 역할을 하면서 지속적인 경기력 향상을 통해 국제무대에서 우수한 성적을 거둘 수 있도록 혼신의 힘을 기울여 나아가야 한다.

우리는 정정당당한 경쟁과 페어플레이 정신으로 스포츠의 이상을 생활 속에 실천하며 철저한 자기 절제, 인격 수양, 건전한 상호 경쟁을 통해 비리와 부정이 없는 깨끗한 체육계를 이루고 존경받는 체육인이 되도록 노력한다.

제1장　스포츠 고유 가치에 대한 존중

제 1 조(스포츠의 고유 가치 구현) 스포츠의 생명은 경기규칙을 공정하게 적용하며 정당한 방법으로 경쟁하는 데에 있다. 따라서 우리는 체육인으로서 사업을 수행하거나 일상생활을 할 때에도 이 정신을 구현함으로써 스포츠의 긍정적 가치를 드높여야 한다.

제 2 조(스포츠의 독자적 위상 확립) 우리는 개인이나 집단의 이익을 위하여 스포츠를 이용하여서는 안 되며, 활동의 문호를 개방하되 어떠한 경우에도 외부 세력의 간섭을 받지 않는 독자적 위상을 확립하여야 한다.

제 3 조(과도한 승부욕의 자제) 우리는 승리에 대한 지나친 집착과 정도를 벗어난 경쟁을 경계하여야 한다. 특히 승리에 집착하여 금지된 약물을 복용하거나 복용케 하는 행위, 인격 존중과 상호 신뢰가 결여된 상태에서 행하는 과도한 훈련 또는 이 과정에서 행해질 수 있는 폭력행위 등을 철저히 배격하여야 한다.

제 4 조(기회의 균등) 우리는 스포츠에 참여하는 모두에게 페어플레이 정신에 따라 균등한 기회를 주어야 한다. 지위, 연령, 성별, 인종, 지역, 신체 장애 등에 근거한 어떠한 차별도 용인하여서는 안 된다.

제2장 국가와 사회에 대한 체육인의 역할

제 5 조(건전한 스포츠의 보급) 우리는 국민 체육의 활발한 진흥과 참여 운

동을 펼쳐 스포츠를 통한 건전한 시민 의식을 함양하며 명랑하고 활기찬 사회 분위기 조성에 힘써야 한다.

제 6 조(우수한 경기력의 유지) 우리는 성실한 훈련과 끊임없는 노력으로 기술과 체력을 갈고 닦아 항상 우수한 경기력을 유지하도록 하여야 한다. 이를 바탕으로 국제대회에서 승리함으로써 국위를 선양하고 국민 단합에 이바지하여야 한다.

제 7 조(국민에 대한 봉사) 우리는 국민 모두가 스포츠를 즐기고 사랑하는 주체임을 인식하고, 스포츠와 관련한 유익한 정보를 제공함으로써 스포츠에 대한 이해를 높여 가며, 관련 법규와 전문 지식에 대해서도 연구하고 성실하게 봉사하는 자세를 갖추어야 한다.

제 8 조(자연과 환경 보호) 우리는 자연환경이 인간의 삶의 터전이며 체육활동의 무대라는 사실을 충분히 인식하여 환경 문제에 관심을 가지고 자연보호 운동에 앞장서서 깨끗한 지구 환경을 후세에 남길 수 있도록 최선을 다하여야 한다.

제3장 존경받는 체육인 상의 정립

제 9 조(건전한 조직 문화의 형성) 우리는 상대방의 권리와 의사를 존중하고 그들의 처지를 세심하게 배려하여 성숙한 조직 문화를 만들어 가야한다. 조직 운영의 주도권을 잡기 위한 분파의 조성과 비민주적 다툼을 경계하며 의견 충돌이 있을 때는 물리적 힘이 아닌 대화를 통해 상호 이해의 틀을 마련하여야 한다.

제10조(권한 남용과 금품 수수 등의 방지) 우리는 자신이나 특정인의 이익을 위하여 자신에게 부여된 권리를 부당하게 이용하여서는 안 된다. 특히 업무 수행과 경기 심판 또는 각종 회의 활동 등에서 결정권자라는 지위를 이용하여 일방을 편들거나 금품수수, 향응 및 각종 편의를 제공 받아서는 안 된다.

제11조(사회 구성원의 의무 준수) 우리는 몸과 마음의 건강을 추구하는 스포츠의 건전성을 사회 각 분야에 전파할 책임을 지닌다. 사회 풍토를

흐리거나 부패를 초래할 수 있는 불건전한 행위를 삼가며, 사회 구성원이 지켜야 할 의무를 성실히 준수함으로써 다른 구성원에게 모범이 되도록 노력하여야 한다.

제12조(객관적 윤리관의 정립) 우리는 자신의 관점에서는 문제가 없다고 판단되는 행위라도 조직의 명예에 해가 될 수 있음을 인식하고 도덕적 불감증을 경계하여야 한다. 자신의 도덕성에 대해 스스로 확인하고 점검하여 객관적 윤리관을 정립함으로써 존경 받는 체육인이 되도록 힘써야 한다.

제4장 체육윤리위원회의 설치와 운영〈개정. 2007. 9. 1.〉

제13조(체육윤리위원회의 설치) 이 강령의 실효성을 확보하기 위하여 대한체육회 안에 체육윤리위원회를 둔다.〈개정. 2007. 9. 1.〉

제14조(위반 행위에 대한 조치) 이 강령에 어긋나는 행위를 한 개인이나 단체 또는 이러한 행위를 묵인하는 사례가 생기는 경우를 보면 누구나 체육윤리위원회에 통보할 수 있으며, 체육윤리위원회는 체육윤리위원회 규정에 따라 필요한 조치를 취하여야 한다.〈개정. 2007. 9. 1.〉

제15조(체육윤리위원회의 조직과 운영) 체육윤리위원회의 조직과 운영에 관한 사항은 이사회의 의결에 따라 별도로 정한다.〈개정. 2007. 9. 1.〉

부칙〈2005. 2. 23.〉

제1조(시행일) 이 강령은 2005. 2. 23.부터 시행한다.

부칙〈개정 2007. 9. 1.〉

제1조(시행일) 개정된 행동강령은 2007. 9. 1.부터 시행한다.

제2절 스포츠의 예의(禮儀)

1. 예의(禮儀)의 준수사항과 금지사항

가. 국민 윤리적 관점

1) 국가법규에 따른 준수사항 생활화

2) 국가법규에 따른 금지사항 생활화

나. 체육 윤리적 관점

1) 경기규칙에 따른 준수사항 생활화

2) 경기규칙에 따른 금지사항 생활화

2. 스포츠의 수양(修養 : 심신을 닦아 지덕을 계발함)

스포츠는 심신수련(心身修鍊 : 마음과 몸을 수양하고 단련함)을 통하여, 예의(禮儀)를 체득(體得)하고, 인품(人品)을 완성하는 방편(方便 : 목적을 위해 이용되는 수단)이다.

3. 스포츠의 예절(禮節 : 예법의 절차)

스포츠는 예의(禮儀)로 시작하여, 예의(禮儀)를 행하고, 예의(禮儀)로 종료한다.

4. 스포츠 예절의 실천(實踐)

예의(禮儀)는 먼저 보는 사람이 인사로 시작하여,
"안녕하십니까?", "반갑습니다!",
운동 행위마다 인사를 나누며,
"잘하셨습니다!", "덕분입니다!",
운동 종료 후 인사로 마무리한다.
"좋은 경기였습니다!", "수고하셨습니다!"

제3절 스포츠인의 책무(責務)

1. 기관장·감독·코치의 책무(責務)

가. 기관장·감독·코치는 스포츠를 통하여 불완전한 인간을 완전에 이르도록 심신수련(心身修鍊)을 인도(引導)할 책무(責任과 義務)가 있다.

나. 기관장·감독·코치는 스포츠를 통하여 지덕체(智德體)을 갖추도록 윤리규범인 사회법규와 경기규범인 경기규칙을 체득(體得)시킬 책무(責任과 義務)가 있다.

2. 체육인의 책무(責務)

가. 체육인은 스포츠를 통하여 불완전한 자신을 완전에 이르도록 스포츠맨십을 갖추어야 할 책무(責任과 義務)가 있다.

나. 체육인은 윤리규범인 사회법규와 경기규범인 경기규칙을 생활화하여 지덕체(智德體)를 갖추어야 할 책무(責任과 義務)가 있다.

3. 심판의 책무(責務)

가. 심판은 경기장의 판사이다.
그러므로 공명정대(公明正大)하여야 한다.

나. 심판은 경기진행전문가이다.
그러므로 경기규칙(競技規則)에 정통하여야 한다.

다. 심판은 사회의 지도자이다.
그러므로 지도력(指導力)을 갖추어야 한다.

제4장

인간과 스포츠(sports)

제1절 인간의 성품 유형(類型)

1. 인간의 두뇌 속성(屬性)

가. 좌뇌형(언어뇌·이성뇌)

1) 분포 : 한국은 30%이고 일본은 70% 이다.

2) 특징 : 말을 할 때와 계산을 할 때 논리적인 기능을 한다.

3) 언어 : 언어적 기능을 한다. 이름 기억력이 높다. 대화 시 단어의 양이 많다. 언어적으로 자료를 기억한다. 언어적 정보에 의한 학습에 익숙하다.

4) 문제 해결 : 분석적·논리적이다. 체계적인 방법으로 문제를 해결한다. 논리적으로 생각한다.

5) 학습 : 직역적이다. 논리적 추리를 통한 학습 유형이다. 수학 학습에 익숙하다.

6) 감정 : 이성적·인지적이다. 감정을 억제한다. 지적이다. 기존의 것을 개선하기를 선호한다. 사실적·현실적이다.

7) 운동 : 신체의 우측을 관장한다. 기억을 통하여 운동을 언어적으로 표현한다.

8) 숫자의 기능 : 비용을 계산하고 기록하는 데 사용한다.

9) 단어의 기능 : 말이나 글로 커뮤니케이션을 할 때 사용한다.

10) 논리의 기능 : 업무와 관련한 결정을 내리는 데 도움을 준다.
11) 목록의 기능 : 대량의 정보를 관리하는 데 사용한다.
12) 세부사항 : 완벽한 그림을 그리고 분석을 지원하며 세부사항을 규정하는 데 도움을 준다.
13) 직업 : 지휘자, 작곡가
14) 적성 : 이공계

나. 우뇌형(감각뇌·감성뇌)

1) 분포 : 한국은 70%이고 일본은 30%이다.
2) 특징 : 음악을 듣거나 그림을 볼 때 어떤 이미지를 떠올리는 기능을 한다.
3) 언어 : 비언어적 기능을 한다. 얼굴 기억을 잘 한다. 대화 시 신체언어를 사용한다. 음조적으로 자료를 기억한다. 경험적·활동적인 학습에 익숙하다.
4) 문제 해결 : 직관적·은유적이다. 지각적 판단에 따라 문제를 해결한다. 유머(humour)하게 생각하고 행동한다.
5) 학습 : 공간적이다. 기하학적 학습·시간적 과정을 통한 학습에 익숙하다.
6) 감정 : 감정적·예술적이다. 감정 발산적이다. 창조적이다. 새로운 사실 발견을 선호한다.
7) 운동 : 신체의 좌측을 관장한다. 공간적 운동·운동 기억·창의적 운동에 적합하다.
8) 그림의 기능 : 매뉴얼이나 상황을 말로 설명할 때 사용한다.
9) 상상의 기능 : 서비스와 제품에 대한 새로운 아이디어를 생각할 때 사용한다.
10) 색상의 기능 : 포장, 그래프(graph), 차트(chart), 프레젠테이션(presentation)에서 사용된다.
11) 리듬(rhythm)의 기능 : 대화리듬이나 구매주기리듬 등이 있다.
12) 공간의 기능 : 건물의 설계도, 회의의 좌석 배치 등 상황에 따라 다양한 의미를 부여한다.

13) 직업 : 연주자

14) 적성 : 인문계

다. 남자의 뇌

1) 남자의 뇌는 체계(體系)를 이해하고 구성하는 일에 적합하게 발달하였다.

2) 체계화(systemizing)란 체계를 분석하고, 탐색하며, 구성하고 싶어 하는 욕구를 말한다.

라. 여자의 뇌

1) 여자의 뇌는 공감(共感)하는 데 적합하게 발달하였다.

2) 공감(empathizing)이란 다른 사람의 감정과 생각을 이해하고 적절한 정서로 반응하려는 동기를 말한다.

마. 조언(助言)

현대의 커뮤니케이션(communication)·프레젠테이션(presentation) 시대는 좌뇌의 지식과 우뇌의 감성적 센스(sense)에 의한 전뇌적(全腦的)인 창의력이 성공의 비결이다.

자신의 속성을 초월하여 직무 현장의 상황 조건에 적합한 일하는 방식을 개선, 개발, 혁신하여 직무를 강화하고 효율적인 조직경영을 도모하는 창조적인 리더가 되어야한다.

2. 인간의 체질 속성(屬性)

가. 무산소형 : 순발력형

나. 유산소형 : 지구력형

3. 인간의 사상체질 속성(屬性)

가. 태양인(太陽人) 유형

1) 성격

태양인의 성질(性質)은 남에게 지기 싫어하는 옹고집형이며 지도자 타입(type)이다.

화통하고 직선적이다. 자존심이 강하고 감성적이다. 좋고 싫음이 분명하다. 지나친 흥분과 분노는 주의해야한다.

2) 체형

머리가 크고 몸통이 작은 역삼각형이며 머리가 잘 발달되어 있다. 가슴은 근육형이며 하체는 약하게 보인다. 대머리가 많은 편이며 정수리 부분의 탈모가 많고 머리카락이 굵고 단단한 편이다.

나. 태음인(太陰人) 유형

1) 성격

태음인의 성질(性質)은 침착하고 과묵하다. 은근과 끈기로 일을 추진한다. 성실하게 일을 묵묵히 실천하는 타입(type)이다. 보스 기질이 있으며 호걸풍이다.

2) 체형

체격에 비하여 머리와 가슴이 빈약해 보이는 삼각형 체형이다. 얼굴은 둥글고 코, 입술, 귓불이 두툼하다. 걸음걸이가 안정되고 손발이 두툼하다. 대머리의 경우는 앞머리의 탈모가 많다.

다. 소양인(少陽人) 유형

1) 성격

소양인의 성질(性質)은 자기감정에 충실하며 충동적이다. 순발력이 좋고 창의력이 뛰어나다. 끝마무리가 엉성하고 노력하지 않는 경향이 있다.

외향적이고 강직한 성품이며 급하고 경솔하여 실수가 많은 편이다.

2) 체형

상체보다 하체가 약한 편이며 피부가 하얗고 병약한 느낌을 준다. 손과 손끝이 가늘고 땀이 적으며 항상 따뜻한 편이다. 엉덩이가 빈약하며 다리가 날씬하다. 눈썹은 곱고 눈빛이 강렬하다. 곱슬머리가 많은 편이며 턱과 코에 수염이 적고 소리는 맑은 음성이다.

라. 소음인(少陰人) 유형

1) 성격

소음인의 성질(性質)은 사색적이고 세심하며 내성적이다. 착실하고 가정적이며 합리적이다. 공상적이고 적극적이나 추진력이 약한 편이다.

2) 체형

키가 작고 아담하다. 체격이 마른 편이며 약해 보인다. 상체보다 하체가 균형 있게 발달하였으며 허리는 잘록한 편이다. 상복부가 빈약하며 엉덩이 골반은 풍만한 타입이다. 손발은 체형에 비하여 큰 편이나 손끝이 가늘고 작다. 수족이 찬 편이며 얼굴은 계란형이고 미남 미녀 타입(type)이다.

4. 인간의 혈액형 속성(屬性)

가. 생활면(生活面)

1) A형 : 공과 사의 생활을 분명히 하고 건실한 생활과 안정을 원한다.

2) B형 : 형식이나 관습에 구애되지 않는 자유로운 생활을 원하고 변화가 있는 생활을 좋아한다.

3) AB형 : 합리적이고 기능적인 생활을 원한다. 자신의 역할을 찾아서 사회에 참여하기를 원하며 봉사적이다.

4) O형 : 생활의 열의가 대단하고 생활력이 왕성하다. 적극적이고 현실적이며 이해타산이 분명하여 욕심이 많은 경향을 보인다.

나. 행동면(行動面)

1) A형 : 행동에 절도가 있고 정확하며 경솔하지 않다. 새로운 행동에 대해서는 신중한 편이다.

2) B형 : 창조적이고 진보적이다. 규제나 속박을 싫어한다. 결단력과 실행력이 있고 개척정신이 강하다.

3) AB형 : 성실하고 사회적 의무감이 있으며 도덕성이 강하다. 남을 돌보는 일에 적극적이다.

4) O형 : 자주성이 있고 개방적이며 자기주장을 잘 내세운다. 주위 상황에 쉽게 말려들지 않는다.

다. 사고력(思考力)

1) A형 : 지나치게 이론적이고 상식적이며 틀에 박힌 경향이 있

다. B형과 대조적이다.

2) B형 : 이해의 폭이 넓고 아이디어가 풍부하다. 사고방식이 틀에 박히지 않는다. A형과 대조적이다.

3) AB형 : 분석하는 능력이 있으며 비판적이고 날카롭다. 합리적인 사고를 원한다.

4) O형 : 논리적이며 설득력이 있고 솔직하다. 직선적인 사고를 잘하며 독창적이다.

라. 학습면(學習面)

1) A형 : 학습에 있어서 단계를 밟고 나가는 노력파이다.

2) B형 : 실제적인 사실에 주목하여 집착력을 보인다.

3) AB형 : 이해를 빨리하며 요령이 아주 뛰어나다.

4) O형 : 학습의욕이 고르지 않으나 기억을 잘 한다.

마. 감정면(感情面)

1) A형: 감상적이며 세심하다. 감정의 억제를 잘하지만 한 번 폭발하면 회복하는 시간이 오래 걸린다.

2) B형 : 감정의 동요나 표현이 강하고 감수성이 있다. 감정의 변화가 심한 편이다.

3) AB형 : 좋고 싫은 감정이 정확하여 냉정한 면과 감성적인 면을 동시에 갖고 있다. 감동이 적다.

4) O형 : 감정이 매우 풍부하고 낭만적이며 이상적이다. 그러나 현실적인 면도 있어 양면성을 지니고 있다.

바. 인내성(忍耐性)

1) A형 : 계속적인 일에 대한 인내력이 뛰어나고 고통을 잘 견딘다. 끈기와 책임감이 투철하다.

2) B형 : 흥미가 있는 것이면 대단한 집착을 보이지만 단순하고 고정된 일에는 쉽게 싫증을 느낀다.

3) AB형 : 일단 일에 대한 가치를 인정하고 노력하려는 성품이지만 매사에 끈기가 부족하다.

4) O형 : 목적이 일단 정해지면 참고 기다리지만 불가능하다고

여겨지면 쉽사리 포기해 버린다.

사. 대인관계(對人關係)

1) A형 : 주위 사람들과의 인간관계에서 안정을 바라고 상대에 대하여 세심한 신경을 쓰며 조심성이 있다.

2) B형 : 마음의 문을 빨리 열고 사람을 가리지 않지만 형식적인 인간관계를 피하고 싫어한다.

3) AB형 : 지나치게 가까운 관계를 좋아하지 않아 일정하게 거리를 두며 실수를 하지 않으려고 힘쓴다.

4) O형 : 신뢰를 중요시하고 알지 못하는 상대에 대해서는 경계심을 품으며 자기편을 아낀다.

아. 취미(趣味)

1) A형 : 일과 취미를 구분하여 형식을 지킨다.

2) B형 : 관심과 흥미가 있는 것이면 취미로 삼는다.

3) AB형 : 취미가 다양하고 공상적이며 동화적이다.

4) O형 : 낭만적이고 개성적인 일이면 취미로 삼는다.

5. 남방계와 북방계 속성(屬性)

가. 남방계

1) 성격

가) 분포 : 한국은 22%이고 일본은 95%이다.

나) 두뇌 : 좌뇌형

다) 성격 : 이성적, 논리적, 합리적

라) 학과 : 수학, 과학

마) 독서 : 좋아한다.

바) 박자감각 : 2박자, 가사 중심

사) 그림 그리기 : 추상화

아) 좋아하는 색깔 : 남색, 청색, 어두운 색

자) 음악가 : 작곡가

차) 시대상 : 20세기 좌뇌적 시대

카) 알콜 분해 : 효소 결핍, 술이 약하다.

2) 외모

가) 눈썹 : 진하다.

나) 쌍꺼풀 : 있다.

다) 눈 : 둥글고 크다.

라) 이마 : 가로는 넓고 세로는 좁다.

마) 코 : 짧고, 넓고, 높다.

바) 입술 : 두텁다.

사) 턱 : 뾰족하고 작으며 세모지다.

아) 얼굴형 : 짧고 네모지다.

자) 몸통 : 작다.

차) 팔다리 : 길다.

카) 귀 : 길다.

타) 가르마 : 오른쪽

나. 북방계

1) 성격

가) 분포 : 한국은 78%이고 일본은 5%이다.

나) 두뇌 : 우뇌형

다) 성격 : 감성적, 직관적, 창의적

라) 학과 : 언어, 예술

마) 독서 : 싫어한다.

바) 박자감각 : 3박자, 멜로디 중심

사) 그림 그리기 : 사실화, 풍경화

아) 좋아하는 색깔 : 황색, 적색, 밝은 색

자) 음악가 : 연주가

차) 시대상 : 21세기 우뇌적 시대

카) 알콜 분해 : 술이 세다.

2) 외모

가) 눈썹 : 희미하다.

나) 쌍꺼풀 : 없다.

다) 눈 : 가늘고 작다.

라) 이마 : 가로는 좁고 세로는 길다.

마) 코 : 길고, 좁고, 낮다.

바) 입술 : 얇다.

사) 턱 : 넓고 크며 네모지다.

아) 얼굴형 : 길고 고구마형이다.

자) 몸통 : 크다.

차) 팔다리 : 짧다.

카) 귀 : 짧다.

타) 가르마 : 왼쪽

6. 인간의 생체리듬(生體리듬 : biorhythm) 속성(屬性)

가. 신체리듬(physical rhythm)

신체리듬은 23일의 주기를 갖고 근육세포와 근섬유를 지배하는 리듬으로 건강상태를 결정한다. 심리적 에너지에 영향을 미쳐 활력, 공격성, 일에 대한 의욕, 진취성, 저항력, 자신감, 용기, 인내, 투지, 반항심 등에 반영되며 특성상 남성리듬이라고 부르기도 한다.

나. 감성리듬(emotional rhythm)

감성리듬은 28일의 주기를 갖고 교감신경계를 지배하며 여성 호르몬이 관계된다고 보아 여성리듬이라고도 하며 정서나 감정의 에너지에 관여한다. 감정, 정서, 기분, 명랑성, 비위, 감수성, 육감, 상상력, 표현력, 협조성과 예술적 감각 등에 직접적으로 반영된다.

다. 지성리듬(intellectual rhythm)

지성리듬은 33일의 주기를 갖고 뇌세포 활동을 지배하며 갑상선호르몬 분비의 주기에 따라 두뇌작용에 파동이 생겨 일어난다. 정신력, 냉철함, 침착성, 이해력, 판단력, 추리력, 분석력, 이성, 논리적 구성력, 집중력, 통합력, 대인 관계, 대응 능력, 담화, 문장 집필 등에 반영된다.

라. 조언(助言)

구성원의 바이오리듬(biorhythm)을 관리하는 기관들은 지식형(知識型) 리더십 행태인데 항공사의 조종사 관리, 택시회사의 운전기사 관리, 스포츠구단의 선수 관리, 기업의 영업직원 관리 등에 바이오리듬을 점검하여 일정표 조절과 전략적 영업기법을 펴고 있다.

반면에 지혜형(智慧型) 리더십을 발휘하는 경우는 일본과 미국의 프로야구선수가 명상(瞑想)과 마인드컨트롤(마음 조절하기 : mind control)을 통하여 바이오리듬의 위험일이나, 상승기에서 하강기, 하강기에서 상승기로 전환하는 시기에서, 경기에 적합한 컨디션(condition)으로 마음을 조절하여 연중 적정한 컨디션을 유지하는 지혜를 스스로 발휘한다.

모두가 최고조의 컨디션을 원하겠지만 적정한 컨디션보다 너무 높거나 낮으면 조정력과 집중력이 오히려 떨어지는 것을 알 수 있는데 명상과 마인드컨트롤을 통하여 컨디션의 기복을 적정하게 조절하는 성숙한 지혜가 요구된다.

성숙(成熟)한 구성원들은 경험적·본능적으로 이러한 조절 능력을 키워왔지만, 교육이 부여한 지식의 개념으로 인하여 인간의 무한한 잠재력(潛在力)을 구속하는 현실이다.

교육훈련의 목적은 구성원의 지식과 지혜의 응용력을 확장시켜 현장직무 역량을 성숙하게 키우는 것이다.

따라서 각 분야에서 20년 이상의 현장 직무 경력을 쌓은 최고전문가 중심으로 교수 임용 제도를 개정하여 세계 최고의 고학력 국가다운 창작력을 만개시켜 국가 위상을 제고할 수 있도록 현장 중심의 창조형 인력 양성 제도로 교육 및 코칭 제도를 혁신하여야 한다.

7. 인간의 성격 속성(屬性)과 인성교육 방향

가. 상하의 균형

1) 상부지향형 유형

상부지향형 성격은 윗사람과 관계가 좋고, 아랫사람과 관계가 나쁜 유형이다.

2) 하부지향형 유형

하부지향형 성격은 윗사람과 관계가 나쁘고, 아랫사람과 관계가 좋은 유형이다.

3) 상하의 불균형

상하의 불균형은 윗사람과 아랫사람, 부모와 자식 간의 불화를 초래하므로 균형을 이루도록 성품을 원만하게 교육하여야 한다.

나. 좌우의 균형

1) 외부지향형 유형

외부지향형 성격은 외부의 동료 관계가 좋고, 내부의 형제 관계가 나쁜 유형이다.

2) 내부지향형 유형

내부지향형 성격은 외부의 동료 관계가 나쁘고, 내부의 형제 관계가 좋은 유형이다.

3) 좌우의 불균형

좌우의 불균형은 동료와 동료, 형제와 형제간의 불화를 초래하므로 균형을 이루도록 성품을 원만하게 교육하여야 한다.

다. 전후의 균형

1) 임맥형 유형

임맥형 성격은 앞쪽의 임맥이 막혀 의욕은 강하나 실천력이 약한 유형이다.

2) 독맥형 유형

독맥형 성격은 뒤쪽의 독맥이 막혀 실천력은 강하나 기억력이 약한 유형이다.

3) 전후의 불균형

전후의 불균형은 의욕과 실천력, 실천력과 기억력 간의 불균형을 초래하므로 몸을 청정하게 교육하여야 한다.

라. 사고의 유형

1) 역리형 유형

역리형 유형은 생각이 좌측으로 치우친 비판적 유형이다.

2) 순리형 유형

순리형 유형은 생각이 우측으로 치우친 긍정적 유형이다.

3) 사고의 불균형

사고의 불균형은 비판적인 유형과 긍정적인 유형 간의 불화를 초래하므로 균형을 이루도록 성품을 원만하게 교육하여야 한다.

마. 신체의 균형

1) 몸의 균형

마음의 균형이 이루어지면 몸의 균형이 이루어진다.

2) 마음의 균형

몸의 균형이 이루어지면 마음의 균형이 이루어진다.

마음은 마음이 움직이니 마음을 바르게 하여야 한다.

3) 신체의 불균형

신체의 불균형은 몸과 마음의 불균형을 초래하므로 몸과 마음을 바르게 교육하여야 한다.

제2절 스포츠의 사회성(社會性)

1. 스포츠의 도덕성(道德性)

가. 도덕(道德)은 불완전한 인간이 완전에 이르는 동안 자신의 마음을 통제하는 수단이다.

나. 도덕은 상하의 균형, 좌우의 균형, 전후의 균형, 사고의 균형, 신체의 균형을 이루도록 마음을 통제하여 인격을 도야하는 방법이다.

다. 진정한 스포츠맨은 몸과 마음의 수련을 통하여 사회규범의 생활화와 경기규범의 생활화를 이룬 완전한 사람으로 존경(尊敬) 받게 된다.

2. 스포츠의 겸손(謙遜)

가. 겸손은 자신의 마음을 낮추어 근본(根本)에 가까이 가는 방법이다.

나. 근본은 본성(本性), 양심(良心), 깊은 마음이라고 부른다.

다. 겸손은 인간이 수련 이외에 근본에 다가갈 수 있는 최상의 방법이자 최고의 수련법이다.
라. 마음을 낮출 수 있는 사람만이 천하를 얻을 수 있다.
마. 겸손(謙遜)은 덕(德)을 담는 그릇이며 덕은 하늘이 내려준다.
바. 진정한 스포츠맨은 겸손을 갖춤으로서 완성되며 겸손을 갖춘 스포츠맨은 존경(尊敬) 받는다.

3. 스포츠의 배려(配慮)

가. 인간의 두뇌 속성, 체질 속성, 혈액형 속성, 남방계와 북방계 속성, 생체리듬 속성, 성격 속성에 의거 생각하고, 말하고, 행동하는 방식이 모두 다르므로 지도자와 지도자, 지도자와 선수, 선수와 선수 간의 속성을 이해(理解)하고 배려(配慮)하는 마음을 체득(體得)하여야 한다.
나. 지구촌의 다인종, 다민족, 다국가, 다언어, 다종교, 다예법, 다법률, 다문화를 이해하고, 존중하며, 교류하고, 공존하는 글로벌 인성교육정신과 시민교육정신을 스포츠를 통해 체득(體得)하여야 한다.
다. 위와 같이 지구촌의 인류는 모두 다른 속성과 환경을 가진 존재이며, 스포츠는 종목별로 경기규칙(룰 : rule)을 제정하여 국제 규칙으로 적용하여 지구촌의 체육축제를 개최하므로 체육인들은 경기규칙을 체계적으로 공부하여야 한다.

4. 스포츠의 규칙성(規則性)

가. 스포츠는 체급의 규칙성, 장비의 규칙성, 기술의 규칙성과 이를 초월하려는 도전성, 형평성, 창조성을 동시에 부여하고 있다.
나. 스포츠는 승리에 따른 명예심과 부가가치로 인하여 체급의 규칙성, 장비의 규칙성, 기술의 규칙성을 위반하고자하는 심리상태를 정도(正度 : 바른 규칙)로 인도하는 것이 바로 스포츠맨십(運動精神)이다.
다. 스포츠 현장의 다툼은 경기규칙을 완전하게 공부하지 못하고,

경기기술을 완전하게 체득하지 못하며, 정신적으로 미성숙한 스포츠맨십에서 기인한 정도(正度 : 바른 규칙)를 벗어난 승리 집착증 때문이다.

라. 심판(審判)은 경기규칙에 따라 진행하고 판정하여야하므로 경기규칙에 정통하고 공명정대(公明正大)하여야 한다.

마. 시민은 사회 법률을 배우고 익혀 시민정신(市民精神)을 갖추어야하며 그러한 교육을 윤리교육, 도덕교육, 인성교육, 시민교육이라고 한다.

바. 스포츠맨은 사회 법률과 경기규칙을 동시에 배우고 익혀 스포츠맨십(運動精神)을 갖추어야하며 그러한 교육을 윤리교육, 도덕교육, 인성교육, 시민교육, 체육교육, 코칭론이라고 한다.

사. 스포츠맨이 경기규칙을 위반하면 제명, 실격, 퇴장, 자격상실, 퇴출, 경고, 징계, 벌금, 출전정지, 방출, 연봉 삭감 등의 제재(制裁)를 받고, 민형사상의 법률과 관련이 되면 그에 따른 법적인 제재(制裁)를 받게 되므로 엄격한 도덕정신, 엄격한 운동정신을 갖추어야 한다.

아. 진정한 스포츠맨은 사회규범과 경기규범에 정통하고 행위가 명확하므로 조직과 사회를 이끌어가는 문무(文武)를 갖춘 리더로 추앙받게 된다.

5. 스포츠의 사회적 문제점과 대책(對策)

가. 강자존 승자존(强者存 勝者存) 병리현상(病理現狀)

강자만이 존재하고 승자만이 존재하는 극단적인 관념은 자신·팀·사회를 피폐(疲弊 : 지치고 쇠약해짐)하게 만드는 현상을 초래하게 된다.

따라서 기관장·감독·코치·선수는 인간의 속성이 모두 다르고 인류의 문화 속성이 모두 다르다는 것을 인식하여 공통의 표준 규칙인 룰(rule)에 따라 인성을 다듬고 기술을 연마시켜야 한다.

나. 협력사·동반자(協力社·同伴者) 관계 형성

기관장·감독·코치·선수는 강자존 승자존(强者存 勝者存) 행태를 사업의 협력사와 인생의 동반자로 지혜롭게 변화시키고, 협력관계의 강화와 인간관계의 강화를 통해 효율적인 조직관리를 도모하여야 한다.

6. 미국 육군사관학교의 스포츠맨 우대 정책(政策)

가. 대상년도 : 2002년 졸업생

나. 원서 교부 : 12,440명

다. 1차 선발 : 2,245명

라. 최종 선발 : 1,246명의 스포츠 자질 유형

1) 스포츠분야 우수상 수상자 1,121명
2) 스포츠 팀 주장 774명
3) 장학금을 지급하는 비영리조직회원 732명
4) 스카우트 단원 556명
5) 장학재단의 장학금 수혜자 233명
6) 소년·소녀 주의원 224명
7) 학생회 회장 222명
8) 학교신문 편집장·부편집장 191명
9) 보이스카우트 최상위 대원 수상자, 걸스카우트 최상위 대원 수상자 139명
10) 졸업생 대표로 고별사 낭독자 78명
11) 수학능력시험(SAT)의 수리 영역에서 600점 이상자 78%
12) 출신고에서 5등 이내자 74%
13) 수학능력시험(SAT)의 언어 영역에서 600점 이상자 64%

마. 선발 및 교육 방향

1) 스포츠분야 우수상 수상자와 스포츠 팀의 주장 출신의 리더십 자질을 인정하여 가장 높은 분포율로 선발하고 있다.
2) 배우려는 자세를 갖춘 생도를 선발한다.
3) 책임을 지겠다는 의지를 갖춘 생도를 선발한다.
4) 행동형 리더 자질을 갖춘 생도를 선발한다.

바. 리더십 개발을 위한 체험 요소

1) 도전(challenge)

가) 목표 달성 능력, 신체 활동 능력, 지적 능력을 갖춘 리더로 양성한다.

나) 상대적인 지도 방법을 통해 보완한다.

다) 내성적 성격자는 연설을 시켜 보강한다.

라) 풋볼 선수는 부드러운 체조를 시켜 보강한다.

마) 여생도는 백병전을 시켜 보강한다.

2) 코치(coach)

가) 전 교수진이 코치 역할을 한다.

나) 전 교직원이 코치 역할을 한다.

3) 평가(assessment)

도전적인 리더십 역할의 실적에 따라 성적을 부여한다.

4) 반성(reflection)

자기반성을 통해 발전하도록 유도한다.

5) 실패할 자유

실패 경험을 통해 발전하도록 유도한다.

6) 조언

성공, 실패, 반성을 통해 현장 중심의 리더십을 체득하도록 유도한다.

7) 상사의 임무

가) 차세대 군사 리더 양성을 위해 존재한다.

나) 글을 분명하게 쓸 수 있도록 가르치기 위해 존재한다. 자기 생각을 글로 정확하게 쓸 수 있어야 비로소 쓸 만한 리더 자질을 갖추었다고 볼 수 있다. 글쓰기에 실패한 리더는 최고 정책부서에 보내지 말라고 할 정도이다.

사. 웨스트포인트 출신의 리더십 유형 특징

사고형(思考型) 인간이 아닌 행동형(行動型) 인간 양성을 목표로 한다.

제5장

사회의 예절(禮節)

제1절 언어 예절(禮節)

1. 반말(半-)

반말은 상대방을 존대하지도 하대하지도 않을 때 쓰는 말이다.

상급자가 하급자에게 또 윗사람이 아랫사람에게 쓸 수 있으며 동창의 경우는 친한 경우에만 써야한다.

반말은 "해라"와 "하게", "하게"와 "하오"의 중간에 해당하는 말씨로 "여기 앉지", "밥 좀 먹지" 따위의 말이다.

후배가 선배에게 또 아랫사람이 윗사람에게 반말한다고 시비를 거는 행위는 하극상(下剋上)에 해당하므로 예의가 없다고 주의 받지 않도록 하여야 한다.

2. 높임말

높임말은 상대방을 높여 쓰는 말로 하급자가 상급자에게 또 아랫사람이 윗사람에게 쓴다.

직접 높임말은 "아버님", "선생님", "주무시다" 따위의 말이며, 간접 높임말은 "진지", "말씀", "치아" 따위의 말이다.

공식적인 자리에서 사회자는 중립적인 위치에 있으므로 상대에 따라 구분하지 말고 모두에게 높임말을 써야한다.

3. 낮춤말

낮춤말은 상대방을 낮추어 쓰는 말로 상급자가 하급자에게 또 윗사람이 아랫사람에게 쓴다.

낮춤말은 "하게", "해라" 따위의 말이다.

4. 하오체(-體)

하오체는 상대방을 예사 높이는 말로 연배가 비슷한 친구 사이에 쓴다.

하오체는 "당신", "그대", "이 분", "저 분", "가오.", "하오.", "읽소." 따위의 말이다.

5. 하게체(-體)

하게체는 상대방을 예사 낮추는 말로 상급자가 하급자에게, 윗사람이 아랫사람에게 또 친구 사이에 쓴다.

하게체는 "나", "자네", "저 사람", "잘 있게", "먹게", "가는가.", "그만하게" 따위의 말이다.

6. 해라체(-體)

해라체는 상대방을 아주 낮추는 말로 상급자가 하급자에게 또 윗사람이 아랫사람에게 쓴다.

해라체는 "읽어라.", "가거라.", "자느냐", "빨리 오너라.", "네가 가거라." 따위의 말이다.

7. 친분에 따른 언어

상대방을 아는 경우에는 언어 예법을 따르고, 상대방을 모르는 경우에는 서로 높임말을 써서 예의를 갖추어야 한다.

8. 공식 및 비공식 상황의 언어

공식적인 자리에서는 서로 높임말을 쓰고, 비공식 자리에서는 언어 예법에 따라 서로 예의를 갖춘다.

9. 사회자와 토론자의 언어

회의(conference), 발표회(seminar), 학술토론회의(symposium), 텔레비전(television) 토론 등에서 사회자와 토론자는 지위와 나이에 관계없이 서로 높임말을 써서 예의를 갖추어야 한다.

제2절 직장 예절(禮節)

1. 직장의 경어법

가. 윗사람에 대해서 말할 때

1) 듣는 사람에 관계없이 존경하는 뜻을 표시하는 선어말어미 "시"를 넣어 말하는 것이 원칙이다.

(평사원이) "사장님, 이 과장님 어디 가셨습니까?"

나. 아랫사람에 대해서 말할 때

1) 누구에게 말하는가에 관계없이 존경하는 뜻을 표시하는 선어말어미 "시"를 넣지 않고 말하는 것이 원칙이다.

(과장이) "김영희 씨, 김철수 씨 어디 갔어요?"

다. 아랫사람을 그보다 더욱 아랫사람에게 말할 때

1) 이 경우는 "시"를 넣어 말한다.

(부장이) "김영희 씨, 김 과장 어디 가셨어요?"

라. 동료에 대해서 말할 때

1) 누구에게 말하는가에 관계없이 "시"를 넣지 않고 말한다.

(과장이 아랫사람에게) "김영희 씨, 김 과장 어디 갔어요?"

2) 나이가 많은 동료를 다른 동료나 아랫사람에게 말할 때는 "시"를 넣는다.

(과장이) "김영희 씨, 김 과장 어디 가셨어요?"

2. 다른 직장 사람에 대한 경어법

가. 자기보다 직급이 높은 사람을 다른 직장 사람에게 말할 때

1) 상대방의 직급에 관계없이 "시"를 넣어 말한다.

(평사원이 과장을 다른 직장 부장에게) "김 과장님은 은행에 가셨습니다."

나. 우리 직장의 평사원에 관해서 말할 때

1) 다른 직장 사람의 직급에 관계없이 "시"를 넣지 않는다.
"은행에 갔습니다."

다. 직급이 있는 사람을 같은 직급 또는 아랫사람에게 말할 때

1) 자기보다 직급이 낮더라도 "시"를 넣어 말한다.
(부장이) "김 과장 은행에 가셨습니다."

2) 그 사람 직급 이상의 사람에게 말할 때는 "시"를 넣지 않는다.
(부장이 과장을 다른 직장 부장에게) "김 과장 은행에 갔습니다."

라. 전화로 대화를 할 때는 누가 누구를 누구에게 말하든지 "시"를 넣어 말하는 것이 언어 예절이다.

마. 다른 직장의 사람을 그 직장의 사람에게 말할 때는 대상에 관계없이 존경법 "시"를 넣어 말한다.

바. 직장 동료와 사적인 관계의 사람에게는 "시"를 넣어 말하는 것이 바람직하다.
(부장이 과장 아들에게) "김 과장(님) 은행에 가셨습니다."

3. 직장 안의 사람에 대한 경어법

가. 비슷한 나이의 동료끼리 말할 때
"김철수 씨, 행정부에 전화했어요?"

나. 나이가 많은 동료나 공식적인 정도에 따라
"전화하셨습니까?", "전화했습니까?"

다. 윗사람에게 말할 때
"전화하셨습니까?"

라. 아랫사람에게 말할 때
(사장이) "김영희 씨, 행정부에 전화했어요?"처럼 높여 말하는 것이 바람직하다.

마. 아랫사람이 어리고 친밀할 때

"전화했니?"

4. 직장 밖의 사람에 대한 경어법

가. 말하는 사람과 듣는 사람의 직급에 관계없이 "오셨습니까?",

"손님, 도장 가지고 오셨습니까?"

손님도 "이제 다 되었습니까?"하고 말한다.

나. 윗사람에게 말할 때

"제가 지나가도 되겠습니까?", "비켜 주시겠습니까?"

다. 아랫사람에게 말할 때

"좀 지나가도 될까?"

5. 대통령과 부인의 호칭어와 지칭어

가. 호칭어는 이름 지어 부르는 말이며, 지칭어는 가리키어 부르는 말이다.

나. 대통령의 존칭어

"대통령"

다. 대통령의 호칭어

"대통령님"

라. 대통령의 지칭어

"대통령께 대한", "대통령께서"

마. 대통령 부인의 호칭어

"여사님"

바. 대통령 부인의 지칭어

"대통령 부인", "대통령 부인 OOO 여사"

사. 대통령과 부인의 겸칭어

"대통령 내외분"

6. 직장의 호칭어

가. 직함이 없는 동료 사이

"철수 씨", "김철수 씨"

(철수야 X)

나이가 많으면 "김 선배", "김 선배님"

나. 학교·연구원

"선생님", "김 선생", "김 선생님"

다. 남자 직원이 남자 직원을 부를 경우

"김 형"

(형·철수 형·김철수 형·미스터 김 X)

라. 여직원이 여직원을 부를 경우

"언니", "영희 언니"

(김 언니·미스 김 언니·미스 김 X)

마. 선배나 나이가 많은 동료를 부를 경우

"선배님", "선생님", "김 선배님", "김철수 선배님", "김철수 선생님", "김 여사님", "김영희 여사님"

(김철수 씨 X)

바. 상사가 직함이 없는 아랫사람을 부를 경우

"김철수 씨"

나이가 많으면 "김 선생", "김 선생님", "김철수 선생님"

나이가 아주 어리면 "김 군", "김 양"

(철수야, 김 씨 X)

사. 친구 아내

"부인", "김 씨", "김 여사", "철수 어머니", "아주머니", "영희 씨"

(제수 씨·계수 씨 X)

해당 친구에게 말할 경우

"함부인", "철수 어머니", "자네 부인"

아. 친구의 남편

"김 씨", "철수 씨", "철수 아버지", "김 부장님", "김 선생님"

자. 남편의 친구

"김 씨", "철수 씨", "철수 아버지", "김 부장님", "김 선생님"

차. 아내의 친구

"김 씨", "영희 씨", "철수 어머니", "아주머니", "김 선생", "김 선생님", "김 여사", "김 부장", "김 부장님"

카. 직장 상사의 아내

"사모님", "아주머니", "아주머님"

타. 직장 상사의 남편

"김 선생님", "김철수 선생님", "부장님"

해당 상사에게 말할 경우

"바깥어른"

(바깥양반 X)

파. 직장 동료나 아랫사람의 아내

"부인", "아주머니", "아주머님"

해당 동료나 아랫사람에게 말할 경우

"함부인", "아주머니", "아주머님"

하. 직장 동료나 아랫사람의 남편

"김 선생님", "김철수 선생님", "과장님"

거. 남자 종업원

"아저씨", "여보세요"

(어이·이봐 X)

너. 여자 종업원

"아주머니", "아가씨", "여보세요"

(아줌마·언니 X)

더. 관공서·은행·식당에서 손님을 부를 경우

"손님"

러. 손님이 직원을 부를 경우

"여보세요", "선생", "선생님", "김철수 씨", "김과장", "김 과장님"

머. 부모님과 자신의 소개법

"저희 아버지 함자가 김 철자 수자입니다."

(저희 아버지 함자가 김자 철자 수자입니다.X)

"저희 아버지가 김 철자 수자 쓰십니다."

"김철수 씨의 아들입니다."

"김철수 부장님의 아들입니다."

제6장

국내대회 의전(儀典) 매너(manner)

제1절 태극기와 다른 기의 게양(揭揚)

1. 홀수 경우의 게양

가. 태극기를 중앙에 게양하고 우측을 2번, 좌측을 3번 순서로 게양한다.

2. 짝수 경우의 게양

가. 태극기를 우측에 게양하고 좌측부터 2번, 3번 순서로 게양한다.

제2절 태극기의 거치(据置)

1. 행사장의 거치

가. 단상에 연설대가 있고 내빈이 앉자 있으면 연설대 우측 끝부분에 거치하고 사회자는 좌측에 배치한다.

나. 단상에 연설대가 있고 내빈이 없으면 뒤쪽 중앙 우측에 거치한다.

다. 단상에 연설대와 내빈이 없으면 뒤쪽 중앙에 거치한다.

2. 기관장실의 거치

가. 기관장 집무책상 뒤쪽 중앙에 거치 또는 꽂는다.

나. 우측에 태극기, 좌측에 기관의 기 순서로 배치한다.

제3절 태극기의 게시(揭示)

1. 실내 행사장의 태극기 게시

가. 단상 뒤쪽 벽면의 중앙 상단에 게시한다.

2. 태극기와 대통령 존영의 게시

가. 상하 게시 방법

태극기를 위에 대통령 존영을 아래에 게시한다.

나. 좌우 게시 방법

태극기를 우측에 대통령 존영을 좌측에 게시한다.

3. 태극기·대통령 존영·국정지표의 게시

가. 태극기를 위에 게시하고 아래 우측에 대통령 존영, 아래 좌측에 국정지표를 게시한다.

4. 태극기와 국정지표의 게시

가. 상하 게시 방법

태극기를 위에 국정지표를 아래에 게시한다.

나. 좌우 게시 방법

태극기를 우측에 국정지표를 좌측에 게시한다.

제4절 국민의례(國民儀禮)

1. 정식 국민의례 절차(節次)

가. 국기에 대한 경례

국기에 대한 경례곡을 연주하고 국기에 대한 맹세문을 낭독한다.

후렴 부분에 “나는 자랑스러운 태극기 앞에 자유롭고 정의로운 대한민국의 무궁한 영광을 위하여 충성을 다할 것을 굳게 다짐합니다.”

나. 애국가 제창

애국가 연주에 맞추어 1절~4절을 제창한다.

다. 순국선열 및 호국영령에 대한 묵념

파고다곡 연주에 맞추어 묵념한다.

2. 약식 국민의례 절차(節次)

가. 국기에 대한 경례

애국가곡을 연주하고, 애국가 제창이나 국기에 대한 맹세문을 낭독하지 않는다.

나. 애국가 제창

애국가 제창은 생략한다.

다. 순국선열 및 호국영령에 대한 묵념

파고다곡 연주에 맞추어 묵념하며 생략할 수 있다.

제5절 국기에 대한 경례 절차(節次)

1. 제복 착용자의 경례

군인·경찰 등 제복 착용자는 거수경례를 한다.

2. 모자를 쓴 일반인의 경례

오른손으로 모자를 벗어 왼쪽가슴에 대고 주목한다.

3. 모자를 안 쓴 일반인의 경례

오른손을 왼쪽가슴에 대고 주목한다.

4. 행사 참석자의 경례

태극기를 향하여 경례를 한다.

5. 애국가 연주가 들리는 장소에서의 예절

자리에서 일어나 차려 자세를 취한다.

6. 차량 탑승자의 예절

애국가 연주가 끝날 때까지 차량을 정지시킨다.

제6절 의전 서열(序列)

1. 직위가 있는 서열

가. 직급·계급 순위

나. 정부조직법의 기관 순위

다. 기관장 선순위

라. 상급기관 선순위

마. 국가기관 선순위

2. 직위가 없는 서열

가. 전직(前職)의 직급·계급 순위

나. 연령(年齡)의 순위

다. 행사 관련성의 순위

3. 우리나라의 서열

가. 대통령

나. 국회의장

다. 대법원장

라. 국무총리

마. 헌법재판소장(*대법원장과 동격설도 있다.)
바. 중앙선거관리위원장
사. 국회부의장
아. 감사원장
자. 기획재정부장관
차. 교육과학기술부장관
카. 외교통상부장관
타. 통일부장관
파. 국무위원(법무부장관, 국방부장관, 행정안전부장관, 문화체육관광부장관, 농림수산식품부장관, 지식경제부장관, 보건복지부장관, 환경부장관, 고용노동부장관, 여성가족부장관, 국토해양부장관), 국회 상임위원장, 대법원 판사
하. 장관급, 국회의원, 검찰총장, 합동참모본부의장, 3군 참모총장
거. 차관, 해병대사령관, 3군 참모차장

제7절 좌석 배치(配置)

1. 대통령 내외분 참석 시의 단상 배치도

〈연설대〉

▣–▣

□ 사회자 (여사님–대통령)

◎–●–◎–● ●–◎–●–◎

(전열내빈) (기관장·부인·전열내빈)

⑤–④–③–②–① ①–②–③–④–⑤

⑩–⑨–⑧–⑦–⑥ ⑥–⑦–⑧–⑨–⑩

(내빈·수행원·지정석) (내빈·수행원·지정석)

2. 대통령 내외분 참석 시의 기념촬영 배치도

〈사진사〉

◎-●-▣-▣

(부인-기관장-대통령-여사님)

(수행원 및 임원)

3. 체육대회 개회식 및 폐회식의 단상 배치도

〈연설대〉

◈ 사회자

⑤-④-③-②-①　　　①-②-③-④-⑤

⑩-⑨-⑧-⑦-⑥　　　⑥-⑦-⑧-⑨-⑩

(임원)　　　(① 기관장)

(② 협탁-식순판)

4. 내빈 방문 시의 기념촬영 배치도

〈사진사〉

●-◎

(기관장-내빈 대표)*내빈 우대

(수행원 및 임원)

5. 홀수 참석 시의 기념촬영 배치도

〈사진사〉

③-①-②

⑧-⑥-④-⑤-⑦

6. 짝수 참석 시의 기념촬영 배치도

〈사진사〉

②-①

⑥-④-③-⑤

7. 라운드 테이블의 좌석 배치도

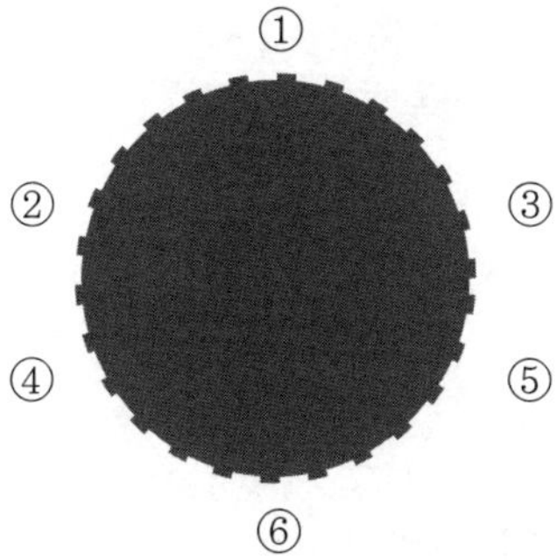

8. 일반 테이블의 좌석 배치도

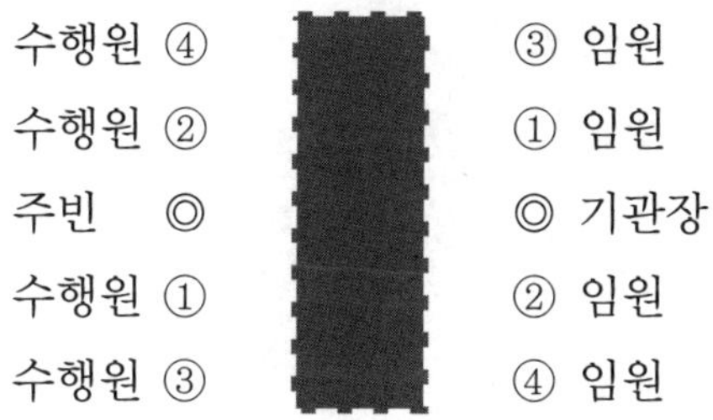

9. 제1열 2인 보행 시의 배치도

〈이동 방향〉

②-①

⑥-④-③-⑤

10. 제1열 3인 보행 시의 배치도

〈이동 방향〉

③-①-②

⑧-⑥-④-⑤-⑦

제8절 생활 예절(禮節)

1. 항공기의 탑승 예절

가. 상위자가 마지막에 타고 먼저 내린다.

나. 앞쪽의 우측이 상석이다.

2. 선박의 승선 예절

가. 상위자가 마지막에 타고 먼저 내린다.

나. 앞쪽의 우측이 상석이다.

3. 승강기의 탑승 예절

가. 상위자가 먼저 타고 먼저 내린다.

나. 승강기 입구 우측이 상석이다.

4. 승용차의 탑승 예절

가. 상위자가 먼저 타고 먼저 내린다.

나. 하위자는 반대편 문을 이용한다.

5. 운전자가 있는 승용차의 서열

가. 운전자 옆쪽이 서열 3번석

나. 서열 3번석 뒤쪽이 서열 1번석

다. 서열 1번석의 좌측이 서열 4번석

라. 서열 4번석의 좌측이 서열 2번석

6. 손수 운전하는 승용차의 서열

가. 손수 운전자의 옆쪽이 서열 1번석

나. 서열 1번석 뒤쪽이 서열 2번석

다. 서열 2번석의 좌측이 서열 4번석

라. 서열 4번석의 좌측이 서열 3번석

7. 지프의 서열

가. 운전자 옆쪽이 서열 1번석

나. 서열 1번석 뒤쪽이 서열 2번석

다. 서열 2번석의 좌측이 서열 4번석

라. 서열 4번석의 좌측이 서열 3번석

8. 열병차의 서열

가. 운전자의 옆쪽이 총지휘자석

나. 총지휘자석 뒤쪽이 부대장석

다. 부대장석 좌측이 사열관석

9. 열병차를 2대 운영 시의 서열

가. 1호차 운전자의 옆쪽이 총지휘자석

나. 총지휘자석 뒤쪽이 부대장석

다. 부대장석 좌측이 사열관석

라. 2호차 운전자의 옆쪽이 서열 4번석

마. 서열 4번석 뒤쪽이 서열 3번석

바. 서열 3번석 좌측이 서열 2번석

제7장

국제대회 의전(儀典) 매너(manner)

제1절 태극기와 외국기의 게양(揭揚)

1. 홀수 경우의 게양

가. 태극기를 중앙에 게양하고 우측을 2번, 좌측을 3번 순서로 게양한다.

2. 짝수 경우의 게양

가. 태극기를 우측에 게양하고 좌측부터 2번, 3번 순서로 게양한다.

3. 국제연합기·태극기·외국기의 게양

가. 국제연합기를 1번, 태극기를 2번, 외국기는 알파벳 순서로 게양한다.

4. 태극기와 외국기의 교차 게양

가. 태극기가 우측에 오도록 교차시킨다.

나. 태극기의 깃대가 앞에서 보이도록 교차시킨다.

5. 국빈 의전 시의 국기 거치

가. 태극기는 우측, 외국기는 좌측에 거치한다.

6. 국제 의전 시의 탁상기 배치

가. 태극기는 좌측, 외국기는 우측에 오도록 교차 또는 세운다.

제2절 국가(國歌) 연주

1. 국가(國歌)의 연주 순서

가. 외국 국가를 먼저 연주하고 애국가를 나중에 연주한다.

나. 외국 국가 연주 시의 예절은 애국가 연주 시의 예절과 같다.

제3절 국가(國家) 순서

1. 국가(國家)의 순서

가. 외국 국가의 순서는 외교 관례에 따라 알파벳 순서로 부여한다.

제4절 의전 서열(序列)

1. 국빈 의전(儀典)

가. 우측부터 대통령 부인, 국빈, 대통령, 국빈 부인 순서로 배치한다.

2. 부부 동반 의전(儀典)

가. 부인은 우측, 남자는 좌측에 배치한다.

3. 외빈 의전(儀典)

가. 내국인보다 외국인을 우선으로 배치한다.

제5절 좌석 배치(配置)

1. 국빈 의전 시의 좌석 배치도

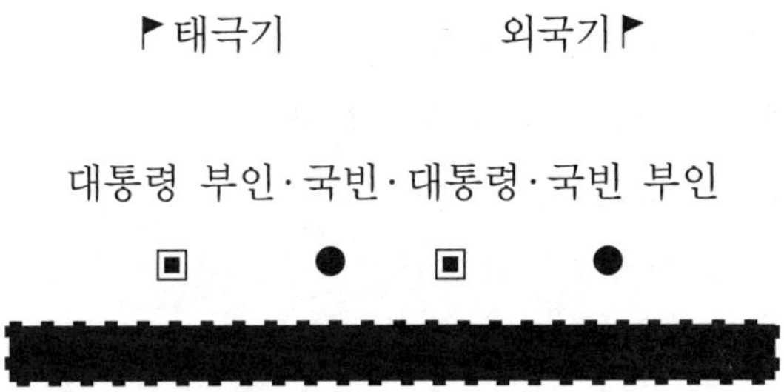

2. 라운드 테이블의 부부 동반 좌석 배치도

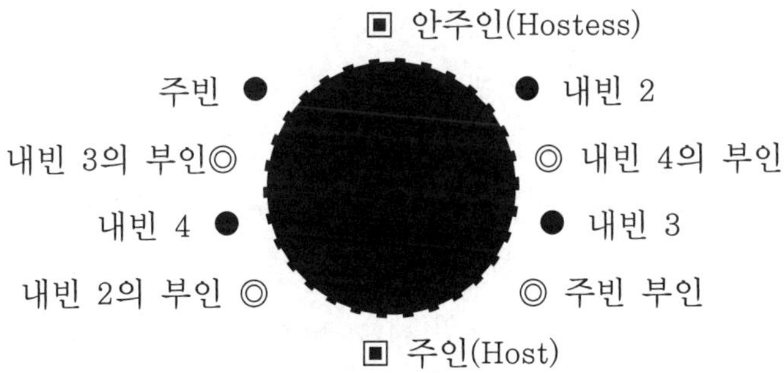

3. 일반 테이블의 부부 동반 좌석 배치도

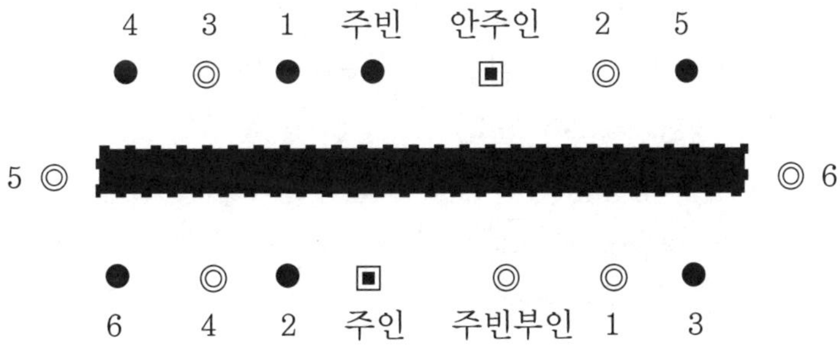

제6절 생활 예절(禮節)

1. 명함 예절(禮節)

가. 명함의 종류(種類)

1) 업무 명함(Business Card)

가) 업무 명함은 직업 및 사회 활동과 관련하여 사용하는 명함을 말한다.

나) 이름 쓰기

(1) 서양식 이름의 구성

서양식 이름은 퍼스트 네임(First name), 미들 네임(Middle name), 패밀리 네임(性 : Family name)으로 구성된다.

George Baker Ellis(F–M–F)

(2) 미국식 이름 표기법

미국식은 미들 네임(Middle name)을 약자로 쓴다.

George Baker Ellis → Mr. George B. Ellis

(3) 영국식 이름 표기법

영국식은 퍼스트 네임(First name)과 미들 네임(Middle name)을 약자로 쓴다.

George Baker Ellis → Mr. G. B. Ellis

다) 명함 전달

(1) 상위자 또는 연장자가 먼저 명함을 전한다.

(2) 글씨를 바로 읽을 수 있도록 전한다.

2) 사교 명함(Social Card)

가) 사교 명함은 공직자 및 전문가들이 사교 활동 시에 사용하는 명함을 말한다.

나) 사교 명함의 제작

(1) 순백색 또는 크림색의 고급용지에 활판(print)으로 하지 않고 부각(engrave)으로 하는 것이 원칙이다.

(2) 명함의 크기는 가로 8.89Cm, 세로 6.39Cm 내외로 제작한다.

(3) 검정색 필기체로 기입하는 것을 원칙으로 한다.

(4) 국무위원 이상은 직책만을 기입한다.

(5) 차관급 이하는 이름을 기재하고 이름 아래에 작은 글씨로 직책을 기입한다.

(6) 주소는 기입하지 않는다.

다) 사교 명함의 전달

(1) 사교 명함은 직접 전하는 것이 아니고 현관이나 응접실의 탁자 또는 명함 용기에 놓아야 한다.

(2) 비서가 영접하는 경우에는 그 사람에게 전한다.

라) 사교 명함을 이용한 인사법

(1) 명함의 좌측 하단에 필기체 약자로 기입하여 명함 봉투에 넣어 보낸다.

(2) 명함의 약자

(가) p.r.(pour remercier : to express thanks)
선물·방문에 대하여 "감사드립니다."

(나) p.f.(pour féliciter : to express congratulation)
국경일 등 행사를 맞이하여 "축하합니다."

(다) p.c.(pour consoler : to offer sympathy)
"조의를 표합니다."

(라) p.p.(présenter : to introduce)
명함으로 인사를 대신할 때 "소개합니다."

(마) p.p.c.(pour prendre congé : to say good-bye)
"작별 인사드립니다."

(바) p.f.n.(pour feliciter nouvel an : Happy New Year
"근하신년"

(사) p.p.n.(pour prendre nouvelle : to inquire)
"쾌유를 빕니다."

(아) Wishing you many happy returns of the day
"축 생일"

(자) A Merry Christmas
"축 성탄"

(차) With all my best wishes
"축 결혼"

마) 명함 인사에 대한 답장

(1) p.r.(감사)와 p.p.c.(작별) 명함을 제외하고는 명함을 보내어 답례하여야 한다.

(2) p.f.(행사)나 p.c.(조의) 명함을 받았을 경우에는 p.r.(감사) 명함으로 답례하여야 한다.

바) 우리나라의 사례(事例)

(1) 선물 및 서신

(가) 한국기관의 사례

미국의 추수감사절, 창설기념일, 성탄절, 기관장의 생일 등에 연하카드 형태 또는 일반 서신 형태로 간단한 축하 문구를 워드프로세서(wordprocessor)로 작성하여 서명한 후 화분, 꽃다발, 초콜릿, 전통주, 공예품 선물과 함께 관례적으로 전달한다.

(나) 미국기관의 사례

한국의 설날, 추석, 창설기념일, 기관장 생일 등에 동일한 방법으로 답례해 온다.

2. 소개 예절(禮節)

가. 상위자 또는 연장자에게 하위자 또는 연소자를 먼저 소개한다.

나. 남자를 여자에게 먼저 소개한다.

다. 국가원수, 왕, 왕족, 성직자에게는 여성을 먼저 소개한다.

3. 악수 예절(禮節)

가. 상위자, 연장자가 청할 때 악수한다.

나. 여성이 청할 때 악수한다.

다. 남자는 여성에게 악수를 청하지 않으나, 여성이 주빈 (Host)인 경우에는 남자가 먼저 청한다.

라. 악수 시 목례나 두 손으로 잡지 않는다.

4. 손등 키스 및 포옹 예절(禮節)

가. 여성이 손등을 보이며 밑으로 손을 내밀면 허리를 숙이며 손등에 키스한다.

나. 포옹 인사를 하는 경우에는 친밀감 있게 포옹한다.

5. 호칭 예절(禮節)

가. 미국식

처음부터 퍼스트 네임(First name)을 쓴다.

나. 영국식

친해지면 퍼스트 네임(First name)을 쓴다.

다. Mr의 사용

Mr는 패밀리 네임(性 : Family name)에만 붙인다.

Mr. Ellis

Mr는 퍼스트 네임(First name)에는 붙이지 않는다.

라. 여성의 호칭

1) 기혼 여성

남편의 이름 앞에 Mrs 존칭을 붙인다.

Mrs. Peter Smith

미국 여성은 자신의 퍼스트 네임 앞에 Mrs 존칭을 붙이는 경우가 많다.

Mrs. Mary Smith

2) 이혼 여성

영국식은 자신의 퍼스트 네임 앞에 Mrs 존칭을 붙인다.

Mrs. Mary Smith

미국 여성이 이혼한 경우에는 미혼 이름 앞에 Miss 존칭을 붙인다.

Miss. Mary Nixon

6. 레이디 퍼스트(Lady First) 예절(禮節)

가. 서양 예절은 신사도(紳士道 : 신사로서 품위를 유지하기 위하여 지켜야 할 道理)에서 시작한다.

나. 남자가 문을 열고 닫으며 여성을 안내한다.

다. 건물을 출입할 때는 여성을 앞에 세운다.

라. 길을 걷거나 앉을 때는 여성을 우측에 모신다.

마. 보도에서는 차도 쪽에서 남성이 걷는다.

바. 위험한 곳을 지날 때에는 남성이 앞에 간다.

사. 여성과 대화 시에는 모자나 장갑을 벋는다.

아. 호텔 투숙 여성은 로비에서 만나야 한다.

자. 룸에서 만날 때는 문을 약간 열어 놓아야 한다.

차. 외투를 벗거나 입을 때 도와주어야 한다.

카. 여성의 무거운 물건을 들어주어야 한다.

타. 여성이 떨어뜨린 물건을 주워주어야 한다.

파. 항공기는 여성이 먼저 타고 먼저 내린다.

하. 승하차 시에 남성이 문을 열고 닫아주어야 한다.

7. 여성이 갖추어야 할 예절(禮節)

가. 숙녀(淑女 : 교양(敎養)과 예의(禮儀)와 품격(品格)을 갖춘 현숙(賢淑)한 여자가 갖추어야 할 매너는 다음과 같다.

1) 숙녀는 오만 불손해서는 안 된다.

2) 숙녀는 친절(親切)·선의(善意)·품위(品位)·총명(聰明)·절도(節度)·예의(禮儀)를 갖추어야 한다.

3) 숙녀는 우아하고 아름답게 행동하여야 한다.

나. 여성은 숙녀가 되기 위하여 꾸준히 노력하여야 한다.

다. 숙녀는 레이디 퍼스트 대접을 받으면 "감사합니다!"하며 목례로 답례하여야 한다.

8. 고급식당 예절(禮節)

가. 남성은 정장을 원칙으로 하고 여성은 점잖은 옷을 입어야 한다.

나. 저녁 시간에 아이를 동반하지 않는 것이 원칙이다.

다. 헤드웨이터(Headwaite)의 좌석 배정에 따른다.

라. 부르는 신호는 손을 들고 손가락 하나를 세운다.

마. 호칭은 웨이터(Waiter), 웨이트리스(Waitress), 미스터(Mr), 미스(Miss)라고 부른다.

바. 계산서에 팁이 포함되지 않으면 15~20% 정도를 접시 밑에 약간 보이도록 끼워 놓는다.

사. 계산은 호스트(Host)가 하고, 친구 사이의 간단한 식사는 각자한다.

9. 선물 예절(禮節)

가. 초청 방문 시에는 일반적으로 선물을 준비하지 않는다.

나. 동양식으로 초콜릿(Chocolate), 디너 미트(Dinner mint), 포도주, 화분, 꽃다발 등으로 감사를 표시할 수 있다.

다. 선물은 방문 인사가 끝나면 즉시 전달한다.

라. 케이크(Cake) 선물은 금지한다.

10. 질문 예절(禮節)

가. 여성의 나이를 묻지 않는다.

나. 여성의 체중 등 신체 관련 질문을 금지한다.

다. 상대국의 정치, 사회, 종교, 문화 관련 질문을 금지한다.

라. 의견을 묻는 경우에는 간접화법으로 물어야 한다.

마. 큰소리로 부르거나 옆 사람에게 폐가 되지 않도록 주의하여야 한다.

제8장

종목별 매너(manner)

제1절 골프 매너(manner)

1. 미국골프협회(USGA)와 영국왕립골프협회(R & A)에서 공동 제정한 골프규칙의 에티켓(Etiquette)의 준수 및 금지사항

가. 코스에서의 행동(Behaviour on the Course)

1) 서론(Introduction)

골프에 대한 예의(禮儀) 지침을 규정하고 이를 준수함으로써 게임에서 최대한의 즐거움을 얻을 수 있다.

이를 위한 가장 중요한 원칙은 다른 플레이어를 배려(配慮)하는 일이다.

2) 게임의 기본 정신(The Spirit of the Games)

골프는 대부분 심판원의 감독 없이 플레이된다. 골프 게임은 다른 플레이어들을 배려하고 규칙을 준수하는 사람의 성실성 여하에 달려 있다.

모든 플레이어는 경기하는 방법에 관계없이 언제나 절제된 태도로 행동하고 예의를 지키며 스포츠맨십을 발휘하여야 한다. 이것이 골프 게임의 기본 정신이다.

3) 안전 (Safety)

플레이어는 스트로크 또는 연습 스윙을 할 때 클럽으로 다칠 만한 가까운 곳 또는 볼, 돌, 자갈, 나뭇가지 등이 날려서 다칠 만한 위치에 아무도 없는가를 확인하여야 한다.

플레이어는 앞서 간 플레이어들이 볼의 도달 범위 밖으로 나갈 때까지 볼을 쳐서는 안 된다.

플레이어는 볼을 스트로크 할 때 가까이 있거나 앞에 있는 코스관리인을 맞힐 염려가 있을 경우 항상 경고를 주어야 한다.

플레이어가 사람이 맞을 위험이 있는 방향으로 볼을 플레이한 경우에는 즉시 큰 소리를 질러 경고하여야 한다. 그와 같은 상황에서 관례적인 경고 발언은 “볼”이라고 외치는 것이다.

나. 다른 플레이어에 대한 배려(Consideration for Other Players)

1) 소란(騷亂)이나 정신 집중 방해의 금지

플레이어는 항상 코스에서 다른 플레이어들을 배려하여야 하며 움직이거나, 말하거나, 불필요한 잡음을 내서 그들의 플레이를 방해해서는 안 된다.

플레이어는 코스로 가져간 전자 기기(器機)가 다른 플레이어들을 혼란시키지 않는지 확인하여야 한다.

티잉 그라운드 위에서 플레이어는 자신의 플레이 순서가 올 때까지 자신의 볼을 티업해서는 안 된다.

플레이어들은 다른 플레이어가 플레이하려고 할 때 볼 가까이나 바로 뒤에 서서는 안 되며 홀 바로 뒤에 서서도 안 된다.

2) 퍼팅 그린 위에서

퍼팅 그린 위에서 플레이어는 다른 플레이어의 퍼트선 위에 서서는 안 되며 다른 플레이어가 스트로크 할 때 그의 퍼트선에 그림자를 지게 해서도 안 된다.

플레이어들은 그들이 속한 조(組)의 다른 플레이어 전원이 홀아웃 할 때까지 퍼팅 그린 위나 가까이에 머물러 있어야 한다.

3) 스코어 기록

스트로크 플레이에서 마커를 맡아보는 플레이어는 필요한 경우 다음 티잉 그라운드로 가는 도중에 관련 플레이어와 함께 스코어를 확인하고 이를 기록하여야 한다.

다. 경기 속도 (Pace of Play)

1) 약간 빠른 경기 속도 및 유지

플레이어는 약간 빠른 속도로 플레이하여야 한다. 위원회는 모든 플레이어가 준수해야 할 경기 속도 지침을 제정할 수 있다. 앞서 간 조(組)와의 속도를 맞추어 나가는 일은 그 조의 책임이다. 한 홀이 비어 있도록 늦어지고 그 결과 후속 조가 지연되는 경우 그 조에 속한 플레이어 수에 관계없이 후속 조에게 먼저 플레이하여 나아가도록 권하여야 한다.

한 조가 한 홀이 비어 있을 정도로 늦지는 않았으나 후속 조가 더 빠르게 플레이할 수 있는 것이 명백한 경우 빠르게 움직이는 후속 조에게 먼저 플레이하여 나아가도록 권하여야 한다.

2) 플레이할 준비

플레이어는 플레이 순서가 왔을 때 바로 플레이할 수 있도록 준비하여야 한다.

퍼팅 그린 위나 그 가까이에서 플레이할 때에는 자신들의 백이나 카트를 퍼팅 그린을 떠나서 다음 티잉 그라운드로 빨리 이동할 수 있는 위치에 놓아두어야 한다.

한 홀의 플레이가 끝나면 플레이어들은 곧 그 퍼팅 그린을 떠나야 한다.

3) 분실구

플레이어가 자신의 볼이 워터 해저드 밖에서 분실될 염려가 있거나 아웃 오브 바운드가 될 염려가 있다고 생각할 때 시간 절약을 위하여 잠정구를 플레이하여야 한다.

볼을 찾는 플레이어들은 볼을 쉽게 찾지 못할 것이 분명해지면 곧 후속 조의 플레이어들에게 먼저 플레이 하여 나아가도록 신호를 보내야 하며 5분 이상 찾아본 후에 신호해서는 안 된다.

후속 조에게 먼저 플레이하여 나아가도록 허용한 경우 그 후속 조가 지나가서 볼의 도달 범위 밖으로 나갈때까지 플레이해서는 안 된다.

라. 코스의 선행권(Priority on the Course)

위원회가 따로 결정한 경우를 제외하고 코스의 선행권은 조(組)의 플레이 속도에 의하여 결정된다.

1라운드를 플레이하는 "조"는 1라운드보다 더 짧은 라운드를 플레이하는 "조"를 통과하여 먼저 나아갈 권리가 인정된다. 이때 "조"라는 용어에는 혼자서 플레이하는 경우도 포함된다.

마. 코스의 보호 (Care of the Course)

1) 벙커

플레이어들은 벙커를 나오기 전에 그들 자신이 만든 것과 그 근처의 다른 플레이어들이 만든 움푹 파인 곳이나 발자국을 모두 잘 채워서 평탄하게 골라 놓아야 한다.

벙커에 가까운 적당한 범위 안에 고무래가 있는 경우에는 이러한 목적을 위하여 그 고무래를 사용하도록 한다.

2) 디보트, 볼 마크 및 골프화에 의한 손상의 수리

플레이어들은 그들 자신들이 만든 디보트 자국과 볼의 충격에 의한 퍼팅 그린 면의 손상(플레이어 자신이 만들었거나 그렇지 않았거나 상관없이)을 반드시 잘 고쳐 놓아야 한다.

골프화에 의한 퍼팅 그린 면의 손상은 같은 조의 플레이어 모두가 그 홀의 플레이를 끝낸 후 곧 수리해 놓아야 한다.

3) 불필요한 손상의 방지

플레이어는 연습 스윙을 할 때 디보트를 내거나, 화가나서 또는 다른 이유 때문에 클럽 헤드로 지면을 내리쳐서 코스가 상하지 않도록 주의하여야 한다.

플레이어는 백이나 깃대를 놓을 때 퍼팅 그린이 상하지 않도록 주의하여야 한다.

홀이 상하지 않도록 하기 위하여 플레이어와 캐디는 홀에 너무 가까이 서서는 안 되며, 깃대를 빼거나 꽂을 때, 홀에서 볼을 꺼낼 때, 홀이 상하지 않도록 유의(留意)하여야 한다.
홀에서 볼을 꺼내기 위하여 클럽 헤드를 사용해서는 안 된다.
플레이어는 홀에서 볼을 꺼낼 때 클럽을 짚고 기대서는 안 된다.
깃대는 퍼팅 그린을 떠나기 전에 홀 가운데의 제자리에 바르게 세워 놓아야 한다.
플레이어는 경기하는 골프장의 골프 카트 운행에 관한 주의사항을 엄수(嚴守)하여야 한다.

바. 결론(Conclusion) : 위반 시의 벌(罰)

플레이어들이 예의(禮儀) 지침을 준수할 경우 각자가 더 유쾌한 게임을 즐기게 될 것이다.
플레이어가 라운드 중에 또는 어떤 기간에 걸쳐 계속해서 이 지침을 무시하고 다른 사람에게 피해를 끼친 경우 위원회는 위반 플레이어에 대하여 적절한 징계 조치(懲戒措置)를 고려하도록 권장한다.

제2절 등산 매너(manner)

1. 대한산악연맹(KAF) 등산교실의 준수 및 금지사항

가. 생태계를 고려하는 산행수칙

1) 일반 원칙

가) 산행을 하는 동안 환경에 가해질 수 있는 나쁜 영향을 최소화하기 위한 산행 수칙의 기본은 “그곳에 우리들이 있었다는 어떤 증거도 남기지 않는다.”는 것이다.

나) 등반 중에 발생한 쓰레기는 내가 만든 것이든 앞사람이 남긴 것이든 모두 수거한다.

다) 돌탑, 깃발, 표지 말뚝 등 어떤 표지도 남기지 않는다.

라) 눈이 오는 경우에라도 등반 장비와 야영 장비를 분실하지 않도록 장비를 잘 보관하고 깔끔한 야영 생활을 한다. 분실

된 장비는 그 자체가 환경에 악영향을 주게 된다.

마) 눈 위에서 야영을 하고 출발할 때는 눈으로 만든 바람막이 등을 모두 자연 상태로 복원시켜 야영 흔적을 남기지 않는다.

바) 암벽 등반을 할 때 벼랑에 둥지를 트는 새들이 있으므로 이를 훼손하지 않도록 주의한다.

사) 등반 루트에 있는 식물과 바위를 훼손하지 않는다. 사람들이 많이 찾는 스포츠 클라이밍 루트에서는 불안정한 바위를 제거해야 다른 사람들이 다치지 않는다.

고산 등반 시에는 불안정한 바위를 제거하지 않고 안정되게 만들도록 노력한다.

아) 고고학적인 유적이 발견되면 건드리지 말고 자리를 떠야 하며 바로 당국에 신고한다. 특히 암각화 등이 새겨진 곳에서 등반을 해서는 안 된다.

자) 하강 지점에서 사용하는 슬링은 그 곳 자연과 잘 어울리는 색깔의 것을 사용한다. 하강 지점의 오래된 슬링은 제거한다.

* 슬링(sling) : 단면이 원형 또는 띠 모양의 나일론으로 된 끈으로서 등반 시 다양한 용도로 쓰인다.

차) 영구적인 고정 하켄 설치를 가급적 피하고 기존의 것이 안전에 심각한 이상이 없을 때에는 이를 보강하여 사용한다.

* 하켄 (Haken 독일어) : 암벽의 틈이나 빙설에 박는 못을 말하며 피톤(piton)이라고도 한다. 암벽에 사용하는 것은 록하켄, 빙설에 사용하는 것은 아이스하켄이라고 한다.

카) 등반을 목적으로 홀드를 깎거나 바위를 변형시키지 않는다.

* 홀드 hold : 등산에서 암벽을 올라갈 때 손으로 잡거나 발로 디딜 수 있는 곳을 말한다.

타) 바위에 영구적으로 남거나 바위에 금이 가게 하는 피톤 등의 설치를 피한다. 망치를 사용하지 않는 너트, 캠 등의 확보 장비를 사용하는 게 피톤 등 고정 확보물을 설치하는 것보다 자연 훼손을 막을 수 있다. 피톤은 크랙에 얼음이 차

있는 동계 등반이나 일부 인공 등반에서 사용할 수 있다. 볼트 사용은 더욱 신중해야 하는데 다른 확보물 설치가 불가능하여 안전에 심각한 문제가 있을 때만 사용한다.
볼트는 영구적인 것이기 때문에 설치 전에 반드시 다시 한 번 꼭 설치해야 하는지 생각해 본다.

* 너트 Nut : 쐐기 모양으로 만든 금속 확보물을 말한다.

파) 다른 지역에서 등반할 때는 그 지역의 등반 관행이나 규칙을 지킨다.
어떤 지역에서는 번쩍거리지 않도록 볼트 머리에 페인트를 칠한 볼트만을 사용하며 또 다른 지역에서는 새로운 볼트를 설치하는 것 자체가 불법이 되기도 한다.

하) 다른 지역의 관습과 문화를 존중한다. 한 지역 생태계에 악영향을 주는 땔감 사용을 막기 위하여 연료를 챙겨 가며 쓰레기는 모두 싸 가지고 돌아온다.

나. 산행 장소와 등반 행위에 따른 세부 원칙

1) 등산로

가) 등산로가 있을 때는 등산로를 따라 간다. 등산로 확장은 지표면 침식을 야기한다.

나) 초원에서는 일렬로 길을 따라 가는데 진흙을 곧바로 통과해서 간다. 이렇게 해야 길을 넓히지 않고 여러 길을 만들지 않게 된다. 이 원칙은 우리나라의 삼림 지역 등산로에서도 비 온 후 산행이나 해빙기 산행 때 적용된다.

다) 길이 없는 지역에서는 식물에 피해를 주지 않기 위해 표면이 단단한 곳을 찾아 그곳을 따라 걷는다. 부득이 식물 군락이 발달한 곳에서 길이 없는 지역을 여러 사람이 통과해야 할 경우에는 한 줄로 가기보다는 분산해서 통과한다. 이렇게 해야 침식이 시작되는 것을 막을 수 있다.

라) 길을 잘못 들어 부득이 표지기를 사용하여 뒤따르는 일행에게 길을 표시하며 가는 경우에 맨 뒤의 사람은 모든 표지

기를 회수한다. 이는 새로운 길이 생기지 않도록 하기 위함이다.

2) 야영 및 야영지

야영은 완벽하게 조성된 야영지를 이용하고 미리 조성된 야영지가 따로 없을 경우에는 눈 또는 바위 위에서 야영한다. 초원에서의 야영은 피한다. 부득이 초원에서 머물러야 할 경우에는 나무보다 풀이 더 많은 영향을 받는다는 점을 고려하여 매우 조심한다. 하루 또는 이틀 이상을 한 곳에 머물러서는 안 된다.

3) 모닥불

모닥불보다는 스토브를 이용한다. 땔감을 모으기 위해서는 그 지역을 짓밟게 되어 새로운 길을 내게 되며 그곳 생태계에서 여러 생물들이 생물학적으로 이용하는 재료들을 훔치는 결과를 초래한다.

4) 세척

야영지와 샘에서 멀리 떨어진 곳에서 씻고 가능한 비누를 사용하지 말며 사용할 경우에는 최소한으로 사용한다.

냇물에 직접 씻지 말고 물주머니를 사용하여 샘터를 오가는 횟수를 줄인다.

5) 동물

야생 동물에게 먹이를 주지 않는다. 일부러 주어서도 안 되고 음식 찌꺼기를 남겨 무의식적으로 먹이를 남겨서도 안 된다. 애완동물은 산에 데리고 가지 않는다.

6) 쓰레기

등반 중에 발생한 쓰레기를 모두 챙겨 내려오며 혹시 이전 사람들의 쓰레기가 있다면 그것도 수거해서 내려온다.

7) 인간 배설물의 처리

가) 배설물

인간 배설물이 적절하게 처리되지 않았을 경우 그곳에 사는 야생 동식물에게 해를 입히며 다른 사람들에게도 혐오감을 주게 된다.

일반인들이 찾아가기 어려운 고산 지대의 기온이 낮은 곳에서는 분해 속도가 매우 느리기 때문에 더욱 문제가 된다.

나) 화장지

산에서 사용한 화장지는 회수하여야 한다. 유기 토양이 있는 삼림 지역에서는 배설물과 함께 묻는 것으로 해결할 수 있다.

이 경우에 분해되기 위해서 많은 시간이 걸린다. 등산인들은 사용하고 난 화장지를 포장할 비닐 백을 가지고 다니는 습관을 들여야 한다. 또한 화장지를 대신해서 작은 돌멩이, 나뭇잎, 순 등을 사용하는 데 익숙해지도록 노력해야 한다.

다) 소변

식물이 없는 바위나 땅바닥을 이용한다. 소변에 들어 있는 염분은 식물을 죽게 하고 동물을 유혹한다.

눈이나 얼음 위에서는 야영지나 휴식처에 마련된 곳을 이용한다.

절벽이나 설사면에서는 등반 루트로 소변이 흘러내리지 않을 곳을 이용한다. 등반 루트나 텐트 안에서는 소변통을 이용한다.

라) 대변

(1) 땅을 파고 해결하는 방법

고도가 낮은 지역의 삼림 또는 유기 토양 지역에서는 구멍을 파서 이용한다.

물길 또는 우기에만 물이 흐르는 물길, 등산로, 야영지, 휴식지에서 60m 이상 떨어져야 한다.

유기물층에 15~20cm쯤 땅을 파서 이용한 후 흙으로 덮는다. 흙을 덮을 때는 주변과 자연스럽게 조화되도록 한다.

유기물층이 얇은 지역이나 고산의 바위 지대에서는 분해

가 잘 되지 않으므로 땅을 파고 이용해서는 안 된다.

(2) 가지고 내려오는 방법

빙하지대, 유기 토양이 얇은 고산지대, 바위지대, 빙설지대에서는 주머니나 통에 싸서 내려오는 것이 가장 좋은 방법인데 블루백시스템(Blue-Bag System)과 푸웁튜브(Poop Tube) 방법이 이용되고 있다.

(가) 블루백시스템(Blue-Bag System) 방법

미국 일부 국립공원의 빙하지대에서 사용되는 방법에서 유래하였다.

빙하지대를 등반하기 전에 배설물을 처리할 2개의 플라스틱 주머니를 가지고 가야 하는데 안쪽 주머니가 푸른색이다.

두 주머니 모두 여닫을 수 있는 구조로 되어 있고 푸른 주머니는 바깥쪽 주머니에 넣을 수 있도록 되어있다.

용변 후에 안쪽의 푸른 주머니를 뒤집어 배설물을 담은 다음 입구를 닫고 이 주머니를 다른 바깥쪽 주머니에 넣어 밀봉한다.

공원 사무소로 가지고 내려와 내용물을 버린다. 이런 시스템은 다른 곳에서도 적용할 수 있으며 주머니 색깔은 상관이 없다.

(나) 푸웁 튜브(Poop Tube) 방법

이 방법은 스스로 만들어 사용할 수 있는 좋은 방법이다.

요세미티의 대암벽 등반에서 처음 시도되었다. 도시락 크기의 작은 종이봉투에 용변을 본 후에 염소 처리한 석회를 뿌려 냄새와 수분을 없애고 플라스틱 통에 넣는다.

플라스틱 통은 홀 백이나 배낭에 매달아(이처럼 뒤에 매달아 운반하기 때문에 "Poop"이라는 이름이 붙었

다.) 등반 후 종이봉투를 버리면 된다. 플라스틱 통은 깨끗이 씻은 다음에 다시 쓴다.

플라스틱 통은 지름 10cm 쯤 되는 플라스틱 파이프를 원하는 길이로 자른 다음 한쪽 끝은 완전히 밀봉하고 한쪽에는 단단하게 여닫을 수 있는 뚜껑을 달아서 만든다.

(3) 문질러 처리하는 방법

사람들이 잘 가지 않는 격리된 지역에서 사용할 수 있는 방법이다.

용변을 햇볕이 잘 드는 바위나 굳은 눈 위에 보고 돌멩이를 이용하여 배설물의 두께를 줄이고 면적을 넓혀 보다 빨리 건조되도록 한다.

(4) 빙하 또는 설상 등반 시의 방법

빙하 또는 설상 등반 시에는 싸 가지고 내려온다.

사람들이 많이 찾는 루트에서는 이 방법을 사용하고 외진 곳에서는 문질러 처리하는 방법을 사용할 수도 있다.

빙하 등반 시에 크레바스에 버리는 행위가 금지되지 않은 곳에 한하여 플라스틱 쓰레기통에 모아 두었다가 등반대가 이동할 때 깊은 크레바스 속에 버린다.

(5) 암벽과 빙벽 등반 시의 방법

거벽 등반을 할 때 가장 좋은 방법은 푸욥 튜브를 이용하는 것이다.

특히 요세미티 등반에서는 반드시 이 방법을 써야 한다.

푸욥 튜브를 이용하지 못하는 경우에는 분리된 돌이나 얼음 덩어리에 용변을 본 뒤 등반 루트에서 멀리 떨어진 곳으로 던진다.

이때는 후등자가 있는지 확인하고 던지기 전에 “낙석”이라고 크게 외친다.

어떤 방법도 사용할 수 없는 상황에서는 완벽하게 덮어

야하며 불가능한 경우에는 대충 덮느니보다 그대로 노출시켜 후등자에게 알려주어야 한다.

다. 안전을 위한 등반 수칙

1) 충분한 지원이 없을 경우 한 조의 등반 인원은 최소 3명으로 구성하며 빙하지대에서는 최소 2개조의 로프 등반을 권장한다.

2) 추락 위험에 노출된 지대와 빙하지대에서는 로프를 묶고 안전을 확보하며 운행한다.

3) 같은 팀의 대원은 함께 움직이며 리더 또는 다수의 의견을 따른다.

4) 자신이 알고 있는 지식과 능력 범위 이상의 등반을 하지 않는다.

5) 루트 선택이나 후퇴를 결정할 때 욕심을 부리지 않는다.

6) 항상 필요한 의류, 식량, 장비를 휴대한다.

7) 보호받고자 하는 사람에게 등반 일정을 알려준다.

8) 전문등산지에 기록된 등산 교훈을 따른다.

9) 등산 중에는 좋은 인상을 남기도록 행동하고 자연 환경에는 최소한의 영향만 끼치도록 주의한다.

10) 초보 산악인은 등반 경험이 적고 판단력이 부족하므로 이 수칙을 준수하여야 한다.

11) 중급 산악인은 위험 요소를 인지하고 통제할 수 있는 정신력과 기술을 갖추고 있으므로 이 수칙을 응용하여 현지에 맞추어 적용한다.

제3절 래프팅 매너(manner)

1. 국제래프팅연맹(IRF) 경기규칙의 준수 및 금지사항

가. 국제래프팅연맹 경기규칙(IRF : International Rafting Federation -Race Rules) 총칙(F. General Competition rules) 11에 의거 경기에서 어떤 팀이 그 스포츠를 불명예스럽게 만드는 잘못을 하면 그 팀은 제재(制裁)당할 수 있다.

그러한 행동은 명백히 잘못된 스포츠맨십, IRF 경기규칙, 경기 직원이나 경기 스태프의 정당한 요구에 대한 심한 무시가 포함된다.

스포츠맨십에 어긋나는 경기의 경우에 24시간 내에 서면으로 그 시합의 경기 배심원에게 제출하여야 하며 처벌은 반칙의 중대성에 따라 적절하여야 한다.

나. 래프팅 안전수칙

1) 승선자는 출발부터 도착 시까지 헬멧과 구명조끼를 느슨하지 않게 착용하여야 한다.
2) 음주자, 임산부, 정신지체자, 심장질환으로 진료를 받고 있는 사람은 승선하지 말아야 한다.
3) 만 6세 미만자는 승선을 금지하고, 만 13세 미만자는 보호자가 동승하여야 한다.
4) 보트의 정원을 초과하는 승선은 금지하여야 한다.
5) 보트에 음식물, 주류 반입을 금지하여야 한다.
6) 보트 승선 1시간 전에는 음식물 섭취를 금지하여야 한다.
7) 보트 승선 후에는 안전요원의 지시에 따르고 개인행동을 금지하여야 한다.
8) 가이드 겸 안전요원이 동승하여야 한다.
9) 보트가 뒤집어 졌을 경우에는 배안에 들어가지 않도록 멀리 떨어져야 한다.
10) 보트안의 밧줄을 느슨하게 두어서는 안 된다.
11) 급류에서 하선하면 안 된다.
12) 폭이 좁은 급류에서 2대의 보트가 동시에 내려가서는 안 된다.
13) 급류 통과 시에는 보트 간격을 30m를 유지하여야 한다.
14) 복장은 긴 바지에 운동화 또는 아쿠아 슈즈(aqua shoes)를 착용한다.

제4절 볼링 매너(manner)

1. 세계볼링협회(WTBA) 경기규정의 준수 및 금지사항

가. 파울

1) 유효투구 중 선수의 신체 일부분이 파울라인에 접할 경우나 넘어갈 경우 또는 파울선을 넘어 레인측 장비, 레인측 건물의 일부분에 접하였을 경우에는 파울로 판정하며 투구는 계산되나 득점은 무효가 된다.

2) 유효투구 후 동일선수 또는 다른 선수가 다음 투구를 위하여 어프로치 위에 설 때까지 계속해서 서 있으면 그 볼은 정상투구로 간주되고 파울로 선언된다. 만일 심판관이 부주의한 경우나 자동 파울판정장치가 파울을 판정하지 못한 경우에 선수가 파울을 발생시키는 동안 동일레인 또는 한 쌍의 레인에서 공식채점관 또는 경기책임자가 명확하게 발견하여 판정하였을 때는 파울을 선언하여 기록하여야 한다.

선수가 파울을 하지 않기 위하여 취하는 행동은 방해받지 않도록 하여야 한다.

선수가 투구를 하려고 어프로치를 걷다가 발이나 몸의 일부가 파울라인을 넘었더라도 볼이 손에서 이탈하지 않은 것은 파울이 아니다.

나. 고의적 파울

선수가 경기의 이점을 얻기 위하여 고의로 파울을 하였을 때는 해당 선수의 해당 프레임 투구를 계산하고 득점은 0점 처리하며 경우에 따라서는 경고를 주어야 한다.

다. 파울채점

파울이 판정되었을 때 해당 선수의 투구에 의하여 넘어진 핀 수는 득점 핀이 되지 않는다.

프레임 중 선수의 제1투구가 파울로 판정되면 넘어진 핀 전부를 다시 배열하여야 하며 제2투구로 넘어진 핀의 수만이 득점 핀이 된다.

제2투구 결과가 10개 핀 전부를 넘어뜨렸으면 스페어로 득점 기록하고 그렇지 못하면 미스로 득점 기록한다.

선수가 10번 프레임에서 제1투구가 파울로 판정되고 제2투구의 결과가 10개 핀 전부를 넘어뜨렸으면 스페어로 기록하고 제3투구로 넘어진 핀 수와의 합산으로 득점 기록한다.

선수의 제2투구가 파울로 판정되면 제1투구의 결과만 득점 기록한다.

라. 명백한 파울

1) 자동 파울판정장치나 심판이 판정하지 못한 다음의 경우는 파울로 인정된다.

가) 상대편 팀이나 개인이 발견하여 대회 공식임원이 확인한 경우

나) 공식 채점자가 발견한 경우

다) 대회 공식 임원이 발견한 경우

마. 잠정투구

파울 판정, 득점 핀, 데드볼에 대한 항의가 발생하여 경기책임자의 즉석 판정으로 결정이 되지 못할 경우에는 해당 선수로 하여금 잠정투구를 시행하여 해당 프레임을 잠정 처리한다.

만일 항의가 프레임의 제1투구에서 발생한 경우에 선수는 해당 프레임을 완료한 후 즉시 한 프레임만을 신설 투구하여 완료하여야 한다.

제1투구의 항의 내용이 스트라이크 또는 득점 핀 수에 대한 항의는 성립될 수 없다. 이 경우에는 문제의 득점 여부 핀을 재배열하여 재투구 결과로 결정한다. 만일 항의가 프레임의 제2투구에서 발생한 경우에는 선수는 항의가 발생한 당시 남아있던 핀 수의 상태대로 핀 수를 재배열하여 제2투구만 신설 투구하여 완료하여야 한다.

제2투구의 항의 내용이 파울판정에 관한 항의는 성립될 수 없

다. 잠정 투구된 프레임의 양득점 결과는 보관 유지하고 해당 경기운영위원회에 부의하여 판정하여야 한다.

항의 심의에 제출된 증거물이 해당 경기책임자가 입회하지 않고 작성된 것은 효력을 발생하지 않는다.

바. 파울 판정

경기책임자는 협회가 공인한 자동 파울판정장치를 경기에 채택할 수 있다. 만일 장치가 없거나 작동이 완벽하지 못하면 파울라인을 명확히 주시할 수 있는 곳에 경기진행 중 관중을 포함하여 어떠한 경우에도 파울 판정에 방해받지 않는 곳에 심판관이 배치되어야 하며 공식기록요원에게 파울을 선언할 수 있는 권한을 인정할 수 있다.

사. 파울 항의

1) 협회가 공인한 자동 파울판정장치가 완벽하게 작동되지 않는 상태에서 파울판정장치에 의하여 또는 심판관에 의하여 파울이 선언 되었을 경우 선수가 파울을 범하지 않았다는 명확한 증거가 없는 한 항의는 성립될 수 없다.

만일 장치가 완벽히 작동하지 않을 경우에는 경기책임자는 파울 판정 심판관을 별도로 배치하거나 공식기록관을 파울심판관으로 지정할 수 있다.

2) 자동 파울판정장치가 불량상태에서 별도 배치한 파울심판관 없이 획득한 기록은 경기종류에 관계없이 공인하지 않으며 비공인에 대한 항의도 성립될 수 없다.

3) 파울이 선언되어도 다음의 경우는 어필이 허용된다.

가) 자동 파울판정장치가 적절하게 작용되지 않음이 명백하고

나) 경기자가 파울을 범하지 않았다는 증거가 있을 경우

아. 일반 항의

경기규정과 관련된 항의는 경기가 완료된 후 12시간 이내에 서면으로 해당 경기책임자에게 제출하여야 한다. 12시간 이내에 서면 항의가 제출되지 않으면 해당경기는 유효경기로 확정된다.

자. 득점 항의

경기 중 득점기재 또는 득점 합산기록에 오류가 발견되면 관계 경기책임자는 즉시 정정하여야 한다.

즉석에서 정정할 수 없는 오류는 대회운영위원회에 회부하여 결정한다.

득점기록에 대한 항의는 당일 거행된 경기의 해당 경기종목 완료 후 1시간을 초과하지 않고 시상 거행 이전에 또는 다음경기 시작 이전에 항의서를 제출함으로써 유효하다.

차. 어프로치 상태

어떠한 경우에도 다른 선수가 정상 경기 상태에서 획득할 수 있는 이점을 방해하기 위하여 어프로치 또는 레인의 손상, 변형 또는 이물질을 가할 수 없다.

어프로치 또는 볼링화 창에는 에어로솔, 땀띠가루, 경석, 송진 등을 칠할 수 없다.

창과 굽이 부드러운 고무로 만들어진 볼링화를 착용하거나 다른 방법을 사용하여 어프로치 상태를 닦아내거나 변질시키는 행위는 금지한다.

어떠한 경우에도 파우더를 어프로치에 가지고 들어갈 수 없다.

카. 볼의 표면 처리

경기 시에 투구하는 볼 표면에 이물질을 사용하여 표면을 변형시키는 것은 금지되어 있다. 따라서 변형된 모든 볼은 사용할 수 없다.

* 선수가 이를 위반한 경우에 위반한 게임에서 얻은 득점의 상실 및 다음 경기의 모든 자격을 상실한다.

타. 경기 지연

1) 준비를 갖추고 투구를 위하여 접근 중인 선수는 다음과 같은 권리와 의무를 갖는다.

가) 선수의 인접 좌측레인에서 어프로치에 접근하든가 또는 투구준비를 할 경우 즉시 중단하도록 항의할 수 있다.

나) 자신의 인접 우측레인에서 어프로치에 접근하거나 투구준비를 할 경우에는 즉시 양보한다.

다) 인접한 좌우 양측레인으로부터 방해를 받지 않을 때 해당 투구 순번의 선수는 즉시 투구준비를 해야 하며 고의적으로 어프로치나 투구를 지연시키지 못한다.

라) 위의 사항을 이행하지 않은 선수는 경기 지연 선수로 판정하고 규정에 의거 처벌받게 된다.

파. 경기규정 위반자에 대한 벌칙

1) 1차 위반 시는 대회 공식임원으로부터 황색카드 경고를 받는다.

2) 동일 대회에서 2차 위반 시는 적색카드를 받으며, 경기 중에는 해당 프레임부터 0점 처리하고, 대회 경기자격 박탈과 90일간 출전정지를 받는다.

3) 동일 선수가 1년 이내에 3개 대회에서 황색카드 경고를 받을 경우에는 공인 및 승인된 제반 경기에 90일간 출전정지를 받는다.

하. 경기유니폼

경기에 참가하는 선수는 소속 단체가 지정한 유니폼을 반드시 착용하여야 한다.

개인별 복장은 허가되지 않으며 상의는 칼라가 있는 티셔츠, 하의는 남자선수는 바지 끝이 일자인 바지, 여자 선수는 스커트로 통일하여야 한다.

소속 단체복 외에 상업적인 문구나 그림이 새겨진 유니폼을 착용해서는 안 된다.

거. 흡연 및 음주

경기에 임한 선수는 지정경기 종목이 완료될 때까지 어느 장소든 식사, 흡연, 음주를 할 수 없으며 취중 상태에서는 경기에 임할 수 없다.

선수가 본 규정을 위반한 사실이 판명되었을 경우에 경기책임자는 해당 위원회의 판정에 의하여 해당 선수의 경기 참가 권한을 해당 지정 경기종목이 완료될 때까지 몰수할 수 있다. 알코올 성분이 포함되지 않은 음료수는 매게임이 끝나고 레인 이동시 경기 구역 이외의 지역에서 마실 수 있다.

제5절 배드민턴 매너(manner)

1. 배드민턴세계연맹(BWF) 경기규정의 준수 및 금지사항

가. 선수들은 다음과 같은 행위를 해서는 안 된다.

1) 경기를 고의로 지연하거나 중단하는 행위
2) 셔틀콕의 스피드와 비행의 변화를 주기 위해서 셔틀을 손상시키는 행위
3) 공격적인 매너

나. 주심(umpire)은 위의 세 가지 사항에 대하여 다음과 같이 조치한다.

1) 위반을 한 쪽에 주의(warning)를 준다.
2) 주의가 주어진 후에는 경고(fault)를 하고, 두 번 위반한 경우에는 지속적인 반칙 행위로 간주한다.
3) 명백한 위반이나 지속적인 반칙행위 혹은 규정 16.2항(휴식시간)을 위반한 경우에는 위반한 편에 폴트(fault)를 주며 그 즉시 위반한 측을 해당 경기의 자격을 박탈할 수 있는 권한을 가진 레퍼리(심판장)에게 보고한다.

다. 지연과 정지(Delays and suspension)

선수들은 고의로 플레이를 지연시키거나 정지시킬 수 없다. 불필요하게 코트 주변을 걷는 것을 금지하고 만약 필요하다면 규정 16.7항(위반 행위 관리)을 적용할 수 있다.

라. 코트 밖의 코칭 (Coaching from off the court)

1) 셔틀이 플레이 되는 동안에 어떤 형태로든 코트 밖에서 코치하는 행위는 금지한다.
2) 코치는 지정된 의자에 착석하고 허용된 휴식 시간을 제외하

고는 경기 동안에 코트 옆에 서 있으면 안된다.

3) 코치에 의해서 플레이를 방해하거나 혼란을 일으키지 않아야 한다.

4) 주심은 코치에 의해 플레이가 방해되거나 상대방 선수가 불이익을 당한다면 즉시 "let"을 부르고 코치에게 경고를 줄 수 있다.

5) 주심은 만약 그와 같은 위반이 두 번째 일어나면 경우에 따라 코치에게 경기장 밖으로 나가게 할 수 있다.

마. 다음의 경우에 반칙(Faults)이 선언된다.

1) 서비스가 올바르지 못할 경우

2) 서버가 서비스하는 도중 셔틀콕을 치지 못하고 헛스윙 했을 경우

3) 경기 중 셔틀콕이 코트밖에 떨어지거나 네트 밑 혹은 네트 사이로 통과했을 경우

4) 선수의 라켓 혹은 네트 이외의 다른 곳에 셔틀콕이 닿을 경우

5) 셔틀콕이 네트를 넘어오기 전에 네트를 넘어 셔틀콕을 치거나 헛쳤을 경우

그러나 셔틀콕이 네트를 넘어왔을 경우에 셔틀콕을 치고 상대편 코트로 넘어가는 것은 허용된다.

6) 라켓이나 선수의 몸이 네트에 닿았을 경우

7) 셔틀콕을 연속적으로 두 번 이상 쳤을 경우

바. 주심의 준수사항

1) 주심은 배드민턴 규칙을 알고 이해하여야 한다.

2) 주심은 신속히 콜 하다가 실수를 하게 되면 그것을 인정하고 사과와 함께 정정하여야 한다.

3) 주심의 아나운스먼트는 스코어 전달 시에 선수와 관중이 들을 수 있도록 크게 하여야 한다.

4) 주심은 규칙을 위반한 의심만으로 폴트를 선언할 수 없으며 경기는 그대로 진행하여야 한다.

5) 주심은 관중에게 묻거나 그들에 의해 영향을 받지 않아야 한다.

6) 주심은 부심과 선심이 신중하고 명확히 판정을 행할 수 있도록 항상 주지시켜야 한다.

사. 부심의 준수사항

1) 부심은 주심의 맞은편 포스트 옆 낮은 의자에 앉는다.

2) 부심은 서버가 서비스를 정확하게 행하는가를 판단하는 책임을 진다.

3) 규칙에 위반되었을 때는 "폴트(Fault)"라고 크게 콜하고 위반된 항목의 공인된 시그널을 취하여야 한다.

4) 주심과 부심은 원활한 경기운영을 위하여 상호 협의 하에 임무를 조정할 수 있다.

아. 선심의 준수사항

1) 선심은 주심 좌우의 라인 끝과 옆의 연장된 지점에서 2.5m~3.5m 떨어져 앉는다.

2) 선심이 분명하게 잘못된 콜을 했을 때 주심의 오버룰(overrule : 파기하다)을 제외하고는 선심은 담당하는 라인에 대한 책임을 진다.

가) 셔틀콕이 아웃이 되면 즉시 "아웃(Out)"이라고 명확하게 콜하고 선수, 관중, 주심이 볼 수 있도록 두 팔을 펼쳐 시그널을 취하여야 한다.

나) 셔틀콕이 "인(In)"이면 콜은 하지 않고 오른손으로 그 선을 가리킨다.

3) 선심이 분명하게 셔틀콕을 보지 못하였을 경우에는 양손으로 두 눈을 가리는 시그널을 주심에게 보내야 한다.

4) 셔틀콕이 바닥에 떨어질 때까지 어떠한 시그널도해서는 안된다.

5) 항상 콜은 분명하고 명확하여야 하며 예상하여 사전에 결정해서는 절대 안 된다.

혹시 선수가 그 셔틀콕을 칠 수 있기 때문이다.

자. 일반 예의

1) 체육관에 들어서면서 먼저 인사한다.
2) 운동에 적합한 복장을 갖춘다.
3) 음주 후 운동을 금지한다.
4) 초보자에게 격려를 아끼지 않는다.
5) 운동용구를 아껴 쓴다.
6) 상급자의 지도를 감사하게 받아들인다.
7) 게임 전후에 파트너·상대편·심판에게 감사의 인사를 드린다.
8) 경기에 대한 대진표, 승패, 판정, 작전, 기술 문제로 감정적인 행동을 표현하지 않는 중화(中和 : 덕성이 중용을 잃지 아니한 상태)의 심성(心性)을 기른다.
9) 운동 후 심신수련도장을 깨끗하게 청소한다.

제6절 수상스키 매너(manner)

1. 국제수상스키·웨이크보드연맹(IWWF) 경기규칙의 준수 및 금지사항

가. 비신사적 행위

국제수상스키연맹(International Water Ski Federation)규칙은 선수, 임원의 행위가 시합장이나 대회 전후에 스포츠맨답지 못하거나 또는 국제수상 스키연맹에 불명예를 야기 시켰다고 간주되면 대회 종목 전체 혹은 일부 종목에서 실격 당할 것이며 지명심판 2/3의 과반수 찬성에 의해서 국제수상스키연맹 집행위원회(IWSF Executive Board)가 결정한 벌금(Fine)을 지불하여야 한다.

제재를 받은 선수는 실격(Disqualification) 판정이 내려지기 전에 자신의 사정을 진술할 기회를 얻는다. 스포츠맨으로서 비신사적인 행위를 발견한 경우에 수석심판은 국제수상스키연맹 토너먼트평의회 위원장(IWWF Tournament Council Chairman)에게 보고서를 제출하여야 한다. 집행위원회에서 벌금 판정을 내릴 경우에 선수의 소속 연맹이 소정의 벌금을 지불하여야 한다.

나. 관용

인간적인 실수로 인한 관용은 허용되어야 하며 선수의 기록을 향상시키기 위하여 대회 임원들이 의도적으로 이용하는 관용 행위를 묵인해서는 안 된다.

관용 행위를 했을 때 그에 대한 책임은 관용 행위를 한 임원에게 부담한다.

다. 임원 복장(Official Uniforms)

임원 복장의 표준은 흰색 폴로셔츠에 짙은 남색 반바지로 할 것을 권장한다.

날씨 관계로 따뜻한 옷이 요구될 경우에는 동일한 칼라로 하되 상의는 밝은 백색으로 하의는 짙은 남색의 느슨한 바지나 평상복 바지로 유지한다.

라. 구명복(Personal Floatation Device : PFD)

1) 각 선수는 구명복의 다음과 같은 조건들을 확실하게 충족시켜야 할 책임이 있다.

가) 구김살이 없고 부드러워야 하며 낙수 시에 상해를 입힐 수 있는 부착물이나 물질이 없어야 한다.

나) 재단 및 착용상태가 양호하여 심한 낙수 시에 훼손되거나 헐렁해서 찢어지는 일이 없어야 한다.

다) 선수를 물에 띄울 수 있어야 한다.

라) 팽창되는 소재는 안 된다.

마) 외부 충격으로 발생할 수 있는 늑골 및 내장기관들의 상해를 적절하게 보호될 수 있도록 제작되어야 한다.

이런 점에서 일반적인 흡수성 슈트는 적절한 보호복으로 고려하지 않는다. 구명복은 슬라롬 경기와 점프경기 시 반드시 착용하여야 하나 트릭경기 시에는 선수의 선택 사항이다.

마. 안전 방해 선수 자격 탈락(Unsafe Skier Disqualification)

안전 감독관과 심판의 판단에 따라 경기 상태가 선수 자신 혹은 다른 선수들을 위험하게 만들게 될 경우 그 선수의 경기를 중단시켜야 한다.

경기 중에 안전관은 언제든지 특정 선수의 행동이나 상태와 관련하여 심판들의 투표를 통하여 수석심판에게 경기를 중단할 것을 요구할 수 있다.

실제 상황일 경우에는 언제든지 의사의 권고 내용이 확보되어야 한다.

바. 안전모(Helmets)

선수들은 점프 종목경기에 적합한 안전모를 착용하여야 한다.

사. 항의자 및 항의 방법(Who May Protest and How It Is Done)

항의는 오직 팀 대표만 수석심판에게 할 수 있으며 임명심판이 이를 검토한다.

항의는 반드시 관련 경기규칙 조항을 인용하여 항의 사유를 기술하고 해당 종목 경기결과 발표 후 30분 이내에 서면으로 제출한다.

이때 심판들의 채점지가 확인을 위해 이용될 수 있다.

아. 항의 사유(Allowable Reasons for Protests)

항의는 토너먼트 위원(Tournament Committee), 운영요원(Officials), 심판, 계산원(Calculators) 등이 규칙 준수를 하지 못했을 때와 이런 규칙 준수 불이행이 선수에게 불리하게 작용하였을 경우에만 허용된다.

심판들의 판정에 대한 항의는 용납되지 않는다.

자. 항의신청서 제출 절차(Protest Submission Procedure)

항의는 반드시 미화 25달러에 해당하는 현지 통용화폐와 함께 제출하여야 하며, 이 금액은 항의 사유가 정당하다고 심판들이 인정하면 환불 받을 수 있다.

차. 점수 수정 절차(Computation Error Procedure)

점수 계산상의 오류 수정은 항의로 간주하지 않으며 해당 종목 경기결과가 발표된 후부터 2시간 이내에 수정(Correction)을 요청할 경우에 수석심판과 수석계산원(Chief Scorer)의 인정으로 오류를 수정하게 된다.
이때 심판들의 채점지가 확인을 위해 이용될 수 있다.

제7절 수영 매너(manner)

1. 대한수영연맹(KSF) 경기규칙의 준수 및 금지사항

가. 다음 규칙을 전 수영 종목에 공통으로 적용한다.

1) 자신의 코스를 벗어나서 타인의 코스로 들어가거나 다른 선수를 방해하였을 때는 실격된다.
2) 반환 시 풀의 끝 벽에 몸을 접촉시켜야 하며, 풀 바닥에 발을 대거나, 세게 차거나, 걸으면 안 된다.
3) 경기 중 물을 마시거나 피로해서 풀 바닥에 설 수 있으나, 바닥을 걷거나 차면서 경기를 이어 나갈 수 없으며 로프를 잡으면 위반이 된다.
4) 앞 팀의 경기가 종료하기 이전에 자신이 출전하는 레이스 물에 들어가면 그 선수는 자신의 출전 예정 레이스에서 실격되며 릴레이 경우에는 그 팀 전원이 실격된다.

나. 자유형

1) 경기 중간에 수영법을 바꿔도 상관없다.
2) 반환 시 풀 벽에 손, 발 등 몸의 일부가 닿아야 하며 바닥에 발을 대고 반환해서는 안 된다.
3) 골 터치도 몸의 일부가 골라인 벽에 닿으면 된다.

다. 평영

1) 스타트 및 반환 시에서는 수면 아래에서 원 스트로크(1stroke : 팔 동작), 원 킥(1kick : 발차기)을 하고 수면 위로 나와야 하며, 두 번째 스트로크는 수면에 나와서 행한다.
2) 그 이후는 머리 일부가 언제나 수면 위에 나와야 한다.
3) 양어깨는 수평을 유지하고 어느 한 쪽으로 기울어지면 안 된다.

4) 양손은 어깨에서 가지런히 앞으로 뻗어 옆으로 넓히면서 밀어낸다.

5) 양발은 무릎을 구부린 후 원형으로 차내듯이 움직이며 돌핀킥처럼 양발을 상하로 움직이면 안 된다.

6) 골 터치는 양손을 펴서 하고 턴 할 때는 양어깨가 수평이면 양손은 같은 높이가 아니어도 좋으며 벽의 위치는 수면 위나 아래 모두 무방하다.

라. 접영

1) 스타트 및 반환 뒤에는 수면위로 떠오르기 위하여 수면 아래에서 킥을 몇 번해도 좋지만 팔은 원 스트로크(1stroke : 팔동작)만하여야 한다.

2) 몸이 떠오른 후 양어깨는 수평을 유지한다.

3) 양팔을 수면 위 전방으로 옮긴 후 균일하게 후방으로 밀어낸다.

4) 한 팔이 로프에 걸려서 빼지 않는 것과 같을 때는 반칙이 된다.

5) 양발은 수직으로 대칭을 이루어 동시에 움직여야 된다.

6) 반환 골 터치는 양손으로 동시에 같은 높이로 행한다.

마. 배영

1) 스타트는 수중에서 스타팅 그립(starting grip)에 양손을 걸고 양발의 발끝은 수면 아래에 두며 출발신호 전에 스타팅 그립의 손을 떼면 부정 출발이 된다.

2) 스타트 시 물밑에 서 있거나, 발을 배수구에 올려놓거나, 배수구 끝에 발끝을 구부려서 걸치면 안 된다.

3) 스타트 및 반환 시 선수는 몸을 밀어내서 헤엄치기를 시작한다.

4) 경기 중에는 누운 자세를 유지하여야 하며 어깨를 90도 이상 돌리면 반칙이 된다.

5) 반환 및 골 터치 시 머리, 어깨, 손, 팔 등이 풀 벽에 닿기 전에 누운 자세를 흩트리면 반칙이 된다.

6) 턴할 때 몸의 최초 부분이 벽에 닿은 뒤에 수직으로 회전할 수 있지만 발이 벽을 떠나기 전에 누운 자세로 되돌아가야 한다.

바. 개인혼영

1) 다음 순서로 정해진 거리를 각 수영법의 규칙에 따라 헤엄친다.

2) 접영, 배영, 평영, 자유형 순서로 정해진 인원으로 정해진 거리를 이어서 수영한다.

3) 인계 시 앞의 선수가 벽에 터치하기 전에 다음 선수의 발이 스타트대를 떠났을 때는 그 팀은 실격이 된다.

4) 선수가 스타트 위반을 인지하고 다시 돌아와 재출발을 하면 실격이 안 되며 그때는 스타트대 위까지 올라올 필요는 없다.

사. 혼계영

1) 정해진 거리를 배영, 평영, 접영, 자유형 순서로 각 수영법의 규칙에 따라 릴레이 한다.

아. 긴급 상황 시 행동요령

1) 긴급 상황 시 선수는 머리 위로 손을 들고 도움을 청하여야 한다.

2) 선수가 공개적인 도움을 받은 경우에는 경기를 중단하여야 한다.

자. 보온복(Wetsuit) 착용

1) 보온복 착용에 대한 상·하한선 기준은 다음과 같다.

가) 올림픽경기와 ITU대회(국제트라이애슬론연맹, International Triathlon Union)에서 엘리트 선수의 보온복 착용 기준 (수영거리 이상은 사용금지 ; 이하는 의무 사용 ; 최대 수중 체류 시간)

* 1500M 이하 ; 20도~14도 ; 30분

* 1501~3000M ; 23도~15도 ; 1시간 40분

* 3001~4000M ; 24도~16도 ; 2시간 15분

나) 주니어와 에이지 그룹 선수들의 보온복 착용 기준 (수영거리 이상은 사용금지 ; 이하는 의무 사용 ; 최대 수중 체류 시간)

* 1500M 이하 ; 22도~14도 ; 1시간 10분

* 1501～3000M ; 23도～15도 ; 1시간 40분
* 3001～4000M ; 24도～16도 ; 2시간 15분

차. 유니폼 속에 끼어 입는 옷(Second Suit)

1) 보온복을 착용하지 않고 수영할 경우에는 ITU가 승인한 유니폼을 입어야 한다.

2) 선수가 유니폼 이외의 옷을 입을 경우에는 공식 유니폼 속에 입어야 하고 수영을 종료한 후 이 옷을 벗을 수 없다.

카. 수영장비

1) 적법 수영장비

가) 선수는 반드시 대회조직위원회가 제공하는 수영모를 착용하여야 한다.

나) 만약 수영모가 분실 의도 없이 경기 도중에 분실했을 경우에는 해당 선수에게 징계가 주어지지 않는다.

다) 수경과 코마개의 사용은 허가된다.

2) 불법 수영장비

가) 인공 추진 장치 : 핀, 오리발, 장갑, 페달, 부력장치

나) 두께 5mm를 초과하는 보온복

다) 보온복의 하의만 입을 경우

라) 보온복을 착용하지 않는 대회에서 국제수영연맹(FINA)이 승인하지 않은 재료로 만든 수영복

마) 보온복을 착용하지 않는 대회에서 공식 수영복 속에 끼어 입는 옷을 벗을 경우

타. 규칙 위반

1) 첫 번째 부정출발 시 출발심판은 선수를 다시 돌아오게 하여 출발신호 이전에 출발하지 않도록 상기시킨다.

2) 두 번째 부정출발 시 출발신호 이전에 출발한 선수의 기록에 벌칙으로 5초를 가산한다.

3) 다른 선수를 밀치거나 진로를 방해하였을 경우에 위반자는 실격된다.

4) 심판원이 고의로 반칙하였다고 판정하였을 경우에 그 방해자는 실격된다.
5) 선수는 경기 중 속력, 부력, 지구력을 도와주기 위한 어떤 장비도 사용할 수 없으며 그리스(grease)를 사용한 선수는 벌점 40점을 감점한다.
6) 선수가 휴식을 취할 목적으로 수영장의 바닥에 서있는 것만으로는 실격이 되지 않으나 걸어가면 안 된다.
7) 부상을 입은 선수는 레일을 잡고서 수중에서 출발하는 것이 허용된다.
8) 터닝 시 풀의 끝을 신체 부분으로 터치하여야 하며 터치하지 않은 선수는 40점을 감점한다.
9) 경기를 끝낸 선수는 심판이 허락하기 전까지 지정된 레인의 물속에서 대기하여야 하며 심판의 퇴수 명령 전에 물 밖으로 나온 선수는 40점을 감점한다.
10) 경기심판은 규정에 적합하지 않은 복장을 착용한 선수를 출전 금지할 권한이 있다.

제8절 스키 매너(manner)

1. 국제스키연맹(FIS) 경기규칙의 준수 및 금지사항

가. 국제경기는 국제스키연맹(FIS) 경기규칙에 따라야 한다.
나. 참가제한경기나 비회원국 참가경기는 특별경기규칙에 따라 개최할 수 있으나 FIS 평의회의 승인을 받아야 하며 FIS 규칙상의 상이점은 대회 안내서에 명시하여야 한다.
다. 정상적인 경기 준비가 부족한 상태에서 개최되는 국제경기가 심판이나 기술감독(TD : Technical Director)에 의하여 취소되는 경우에 주최측은 대회조직에 관한 규칙에 따라 FIS 평의회의 제재를 받을 수 있다.
라. 다음 선수는 경기에 참가할 수 없다.

1) 국적을 1개 이상 보유하고 있는 선수는 현재 거주하고 있는 국가의 스키협회 소속으로 참가하여야 한다.

2) 스포츠맨십의 결여, 부적절한 행위의 범법자, FIS 의료법의 미준수, 규정을 따르지 않는 선수, 규정에서 벗어난 방법에 의하여 직간접적으로 금품을 받은 선수

3) 소속협회·스키폴의 후원, 장비 공급, 광고계약 이외에 개인의 이름이나 사진·타이틀을 광고 목적으로 사용한 선수

다만, FIS 평의회의 허가를 받아 자국 협회나 FIS가 직접 관장하거나 "개방"된 경기라고 공표된 것은 제외한다.

4) 선수선언문에 서명하지 않은 선수

5) 선수가 결승점에 도착하는 즉시 스키를 벗는 행위는 실격으로 처리한다.

대회조직위원회는 선수가 스키를 벗어도 무방한 "후방결승구역"을 붉은색 선으로 분명하게 표시하여야 한다.

마. 경기규칙의 준수사항은 다음과 같다.

1) 개인경기에서 폴은 바꿀 수 있으나 스키는 바꿀 수 없으며 계주와 노르딕 복합에서는 한쪽 스키는 바꿀 수 있다.

다만, 부러지거나 손상된 스키 및 바인딩은 심판진의 확인을 받아야 한다.

왁스는 타인의 도움을 받지 않으면 새로 할 수 있으며 가열기, 도구, 음료 등은 외부 도움을 받을 수 있다.

2) 뒤쪽의 선수가 추월하고자 하면

가) 클래식 경기 시 2개의 주로가 설치되어 있거나, 후리 경기 시 본인의 동작이 제한이 되더라도 그 첫 번째 요구에 즉시 양보하여야 하며 결승구역에서는 양보하지 않아도 무방하다.

3) 선수는 경기임원 및 안내원의 지시에 따라야 한다.

4) 일단 선수가 결승구역 100~150m 지역에 들어서면 다른 선수를 추월하지 않는 한 자신의 주로를 유지하여야 한다.

5) 경기코스에서 질서관리를 위하여 다음 규정을 준수하여야 한다.

가) 출발 5분전부터 코스 폐쇄 전까지 모든 임원과 코치는 스키를 신고 경기코스에 들어갈 수 없다.

이미 출입이 허용된 사람도 스키를 벗고 일정한 장소에 서 있어야 한다.

나) 중간게시나 선수에 대한 지도를 위하여 임원이나 코치는 선수와 함께 30m이상 달릴 수 없다.

다) 임원이나 코치의 행위가 선수의 경기를 방해해서는 안 된다.

라) 스키 검인은 출발 직전에 받는다. 선수는 출발번호를 부착하고 지정 검인 장소에 시간을 맞추어 와야 한다.

마) 경기 및 공식연습에는 제동장치가 있는 스키만이 사용되며 제동장치가 없는 스키를 휴대한 선수는 출전이 허용되지 않는다.

바) 연습경기 및 점프 시에 헬멧을 착용하여야 한다.

6) 조정과 제재(制裁)

가) 경기심판은 필요한 요원을 배치하여 경기장내의 광고에 대한 규제 지침을 집행할 책임이 있다.

나) 이러한 지침에 위배되는 선수는 경기 출발이 허용되지 않는다.

다) 위 사항을 위반하는 선수의 인가증은 해당 협회가 즉시 취소하여야 하며 그 명단을 FIS 본부로 통보하여야 한다.

다만, 그 위반의 정도가 경미한 경우 FIS는 첫 단계로 경고조치를 취할 수 있다.

7) 참가선수의 의무 및 제재(制裁)

가) 참가선수의 의무

선수는 관련 규칙을 친숙히 알도록 노력하여야 하며 조직위원회나 심판의 특별지시 등을 잘 준수하여야 한다.

나) 약물검사의 영향이 남아있는 선수는 경기에 참가할 수 없으며 자신의 출전권을 상실한다.

다) FIS 규칙과 수칙을 준수하지 않는 선수는 심판에 의하여

제재를 받으며 심각할 경우에는 실격된다.

라) 이유 없이 시상식에 불참하는 선수는 수상자격을 상실한다. 특별한 경우 팀의 동료가 참가할 수 있으나 시상대에 설 자격은 없다.

마) 경기임원, 조직위원회 위원, 관중에게 스포츠맨 답지 못한 행동을 하는 선수에게는 징계 조치를 할 수 있다.

8) 제재(制裁)

가) 경기용 장비와 관련하여 규칙을 위반하는 선수는 해당 경기 심판에 의하여 실격 처리 된다.

해당 협회와 FIS 본부는 이 사실을 즉시 통보받게 된다.

나) FIS 평의회는 반복적으로 위반하는 선수에게 영구적으로 또는 일정기간 자격정지를 시킬 수 있다.

모든 제재의 최종심판은 FIS 평의회이다.

9) 후원과 광고

가) 월드컵과 세계선수권대회에서의 유니폼은 FIS의 광고규정에 따라 국가스키연맹에서 준비한 유니폼에 국가스키연맹에서 승인한 상업 마크를 부착하여야 한다.

나) 장비와 의류에 불건전한 이름이나 상징물의 부착은 금지한다.

다) 세계선수권대회와 FIS 경기일정상의 모든 알파인 및 노르딕경기에서 국가를 연주하거나 국기를 게양하는 공식행사에는 선수가 스키를 가지고 입장할 수 없다.

그러나 공식행사의 전후에 기자를 위한 사진 촬영 시 시상대에서 스키를 지니고 있는 것은 허용한다.

제9절 야구 매너(manner)

1. 국제야구연맹(IBAF)) 경기규칙의 준수 및 금지사항

가. 유니폼(Uniform)

1) 팀의 선수는 동일한 색깔, 형태, 디자인의 유니폼을 입어야

하며 유니폼에는 15cm 이상의 등번호를 붙여야 한다.

2) 팀의 선수는 바깥쪽으로 보이는 언더셔츠(Under Shirt)의 색깔이 모두 같아야 한다. 투수 이외의 각 선수는 언더셔츠의 소매에 번호, 문자, 기장(記章) 등을 표시할 수 있다.

3) 자기 팀의 선수와 다른 유니폼을 입은 선수는 경기에 나올 수 없다.

4) 각 팀은 공격팀(Home Game)용으로 흰색(白色), 수비팀(Away Game)용으로 유색(有色)의 두 가지 유니폼을 준비하여야 한다.

5) 각 선수의 유니폼 소매의 길이는 개개인마다 달라도 되나 각자의 양쪽 소매길이는 비슷하여야 한다.

6) 각 선수는 소매가 지나치게 헐었거나 찢어진 유니폼 및 언더셔츠를 입어서는 안 된다.

7) 각 선수는 자기 유니폼 색과 다른 색의 테이프(Tape) 또는 다른 것들을 유니폼에 붙여서는 안 된다.

8) 유니폼의 어떤 부분도 야구공을 모방한 것이나 연상시키는 모양이어서는 안 된다.

9) 유리 단추나 번쩍거리는 금속을 유니폼에 달아서는 안 된다.

10) 신발의 발끝과 뒤꿈치에는 흔히 쓰이는 것 이외의 것을 붙여서는 안 되며 골프화나 육상 스파이크와 같은 뾰족한 징은 신을 수 없다.

11) 유니폼의 어떤 부분에도 상업광고와 관련된 휘장이나 디자인을 붙여서는 안 된다.

다만, 유니폼의 상의 소매 1개소에 한해 60㎠ 이내의 광고를 허용한다.

12) 리그는 소속한 팀의 유니폼 등에 선수의 이름을 붙이도록 규정할 수 있다.

선수 이름 이외에 다른 것을 붙일 경우에는 리그회장의 승인을 받아야 한다.

유니폼에 이름을 붙이도록 확정되면 팀 전원이 붙여야 한다.

13) 모든 선수는 유니폼 이외의 옷을 입고 경기할 수 없다.
다만, 베이스 코치 또는 투수가 주자가 되었을 때에는 입을 수 있다.

나. 투수의 글러브

1) 투수용 글러브는 꿰맨 부분, 매는 끈, 웨브 전체가 같은 색이어야 하고 그 색은 흰색 혹은 회색(灰色) 이외의 것이라야 한다.

2) 투수는 그 글러브의 색과 다른 색의 것을 글러브에 붙여서는 안 된다.

다. 프로페셔널리그(Professional League)의 "헬멧" 사용 규칙

1) 선수는 타격 중 반드시 보호용 헬멧을 써야 한다.

2) 마이너 리그의 선수는 타격에 임할 때 양쪽 귀 덮개의 헬멧을 착용하여야 한다.
우리나라 프로야구는 프로 야구에 처음 등록한 선수에게 이를 적용한다.

3) 심판원은 규칙위반에 대하여 시정하도록 명한다. 심판원의 판단으로 적당한 시간이 지나도 시정하지 않을 때에는 위반자를 경기에서 퇴장시킬 수 있다.

4) 포수는 방호용 헬멧을 착용하여야 한다.

5) 배트 보이, 볼 보이, 배트 걸, 볼 걸은 직무를 수행하는 동안에 방호용 헬멧을 착용하는 것이 바람직하다.

라. 경기의 개시와 종료

1) 심판원은 경기시작 5분 전에 경기장 안에서 양 팀 감독으로부터 타순표를 제출받아야 한다.

2) 먼저 공격팀의 감독이 주심에게 2통의 타순표를 제출한다.

3) 다음은 수비팀의 감독이 주심에게 2통의 타순표를 제출한다.

4) 주심은 타순표의 정본과 부본이 같은 가를 대조한 뒤 상대팀의 감독에게 타순표의 부본을 건네준다. 주심이 타순표를 전하면 각 팀의 타격순은 확정되며 주심이 가지고 있는 것이 정

본이 된다.

5) 홈팀의 타순표가 주심에게 제출되는 동시에 경기장의 모든 책임은 심판원에게 맡겨진다.

그 때부터 주심은 날씨 및 경기장의 상태에 따라 경기 중단의 선고, 경기의 일시 정지, 경기의 재개 등에 관한 유일한 결정자가 된다.

6) 수비팀의 선수가 수비 위치에 서고 공격팀의 첫 타자가 타자석 안에 들어서면 주심은 "플레이"를 선언하고 경기는 시작된다.

7) 경기의 시작 또는 경기 중 볼 인 플레이 시에는 포수를 제외한 모든 야수는 페어지역 안에 있어야 한다.

8) 포수는 홈 플레이트 바로 뒤에 있어야 한다.

타자에게 고의 4구를 던질 때는 공이 투수의 손에서 떠날 때까지 포수는 양발을 캐처 박스 안에 두어야 하며 포구 또는 플레이를 위해서는 언제든지 자리를 벗어 날 수 있다.

9) 투수는 타자에게 투구할 때 정규 위치에 있어야 한다.

10) 투수와 포수를 제외한 야수는 페어지역 어디에 있어도 무방하다.

11) 타자 또는 득점하려고 하는 주자를 제외한 공격팀 선수는 볼 인 플레이 때 캐처 박스를 건너가서는 안 된다.

12) 경기 중 타순 변경은 할 수 없다.

마. 베이스 코치(Base Coach)

1) 공격팀은 공격시간 중 2명의 베이스코치를 1루와 3루의 코치박스에 세워야 한다.

2) 베이스 코치는 각 팀에서 지명한 2명에 한하며, 아마추어는 지명된 2명을 제한하지 않을 수 있다.

가) 베이스 코치는 그 팀의 유니폼을 입어야 한다.

나) 베이스 코치는 항상 코치 박스 안에 있어야 한다.

이를 위반하면 페널티(penalty)로 경기장 밖으로 퇴장 당하게 된다.

바. 경기 중 선수의 금지사항

1) 경기장 내에서 감독, 코치, 트레이너, 선수, 배트 보이의 금지 사항은 다음과 같다.

가) 말, 사인 등으로 관중을 소란하게 자극하는 행위

나) 상대 선수, 심판원, 관중에게 욕설을 하거나 폭언을 하는 행위

다) 볼 인 플레이 중에 "타임"이라고 고함을 지르는 등 말이나 동작으로 투수의 보크를 유도하는 행위

라) 야수가 스포츠 정신에 위배되는 의도를 가지고 타자의 시선을 흩트려서 현혹시키는 행위(주로 포수의 타격방해 동작이 많다.)

이를 위반하면 페널티(penalty)로 퇴장을 명하고 이때 투수가 보크를 하면 무효가 된다.

사. 퇴장자 준수사항

감독, 코치, 트레이너, 선수가 퇴장을 명받으면 곧 경기장을 떠나야 하며 더 이상 경기에 참가할 수 없다.

퇴장자는 클럽 하우스(Club House) 안에 머물러 있거나, 유니폼을 벗고 야구장을 떠나거나, 자기 팀의 벤치나 불 펜(Bull Pan)에서 떨어진 관중석에 앉아야 한다.

아. 벤치의 판정 항의에 대한 페널티(penalty)

벤치에 있는 자가 심판원의 판정에 대하여 지나친 불만의 태도를 보였을 때 심판원은 우선 경고를 하고 그 경고에도 불구하고 그러한 행위가 계속될 때는 다음과 같은 페널티를 적용하여야 한다.

심판원은 반칙자에게 벤치로부터 클럽 하우스(클럽 하우스가 없는 구장에서는 경기를 볼 수 없는 곳)로 갈 것을 명한다.

만일 심판원이 반칙자를 지적할 수 없으면 벤치의 전 선수를 퇴장 시킬 수 있다.

이때 그 팀의 감독은 경기에 출장하고 있는 선수와 교체하기

위해 필요한 선수만을 경기장으로 다시 불러들일 수 있다.

자. 득점의 기록

1) 3명이 아웃이 되기 전에 주자가 정규로 1루, 2루, 3루, 본루에 닿았을 때 그 때마다 1점이 기록된다.

2) 정식 경기에서 최종회의 말 또는 연장회의 말 만루에서 타자에게 4사구 등 1루 진루가 주어진 경우에 3루 주자가 본루에 진루하고 타자주자가 1루에 닿을 때까지 경기의 종료를 선언해서는 안 된다.

3) 이와 관련한 페널티사항

가) 3루 주자가 진루하여 본루를 밟지 않았을 경우에 주심은 그 득점을 인정하지 않고 규칙을 위반한 선수에게 아웃을 선고하고 경기를 계속 진행시킨다.

나) 노 아웃 또는 1아웃 때 타자주자가 1루에 진루하여 1루를 밟지 않았을 경우에 그 득점은 기록되나 타자주자는 아웃이 선고된다.

차. 정식경기(Regulation Game)

1) 정식경기는 9회로 성립되며 다음의 경우는 예외로 한다.

가) 수비팀의 9회 말 공격의 전부 또는 그 일부가 필요하지 않을 경우

나) 주심이 콜드게임(Called Game)을 선고하였을 경우

2) 두 팀이 9회까지 동점을 이룬 경우

가) 연장 이닝을 모두 끝내고 공격팀의 득점이 수비팀의 득점보다 많을 경우

나) 수비팀이 연장 이닝의 도중에 결승점을 기록하였을 경우

3) 주심이 종료를 선고한 다음의 콜드 게임은 정식 경기가 된다.

가) 5회 종료 후 종료를 선언한 경기

나) 5회 초를 종료한 후 또는 5회 말 공격 중 종료를 선언한 경기로서 수비팀의 득점이 공격팀의 득점보다 많을 때

다) 5회 말 공격 중에 수비팀이 득점하여 공격팀의 득점과 동점

을 이루고 종료를 선언한 경기

4) 경기가 끝났을 때 두 팀의 득점이 같을 경우에 주심은 무승부 경기(Tie Game)를 선언한다.

5) 정식경기가 되기 전에 주심이 경기 종료를 명하였을 경우에는 노게임을 선언하여야 한다.

카. 일시정지경기(suspended game)

1) 다음의 사유로 경기가 중단되었을 경우 일시정지 경기로 규칙을 적용할 수 있다.

가) 법률에 따른 시간 제한

나) 리그 규약에 따른 시간 제한

다) 조명 시설의 고장, 경기장의 기계장치의 고장

라) 어두워 졌지만 법률에 의거 조명 사용이 허가 되지 않을 경우

2) 서스펜디드게임(suspended game)의 속개 절차는 다음과 같다.

가) 다음 경기 일정보다 먼저 한다.

나) 두 팀의 경기 일정이 일시정지경기를 재개 할 수가 없을 때는 그 경기는 콜드게임으로 한다.

다) 속행되는 경기는 중단된 상태에서 다시 시작하여야 한다.

라) 정지경기의 출전선수로 등록되지 않은 선수라도 속행 경기의 출전선수로 등록되면 그 경기에 출장 할 수 있다.

타. 더블헤더에 관한 규칙

1) 선수권대회 경기는 하루 2경기까지 할 수 있다. 서스펜디드게임의 재개경기 때는 하루 3경기까지 할 수 있다.

2) 더블헤더 두 번째 경기는 첫 경기가 끝난 뒤 20분 뒤에 시작하여야 한다.

다만, 두 경기 사이에 그 이상의 시간이 필요한 경우에는 주심이 그 이유를 공시하고 상대팀의 감독에게 알리되 30분이 넘지 않아야 한다.

파. 몰수경기(Forfeited Game)

1) 주심이 경기 개시 시간에 플레이를 선언하고 5분이 경과하거

나, 경기장에 나왔다 하더라도 경기를 거부하였을 경우

2) 경기를 늦추거나 단축시키기 위하여 술책을 썼을 경우

3) 주심이 일시정지 또는 경기 종료를 선언하지 않았음에도 불구하고 경기의 속행을 거부하였을 경우

4) 일시정지 후 주심이 플레이를 선고하고 1분 안에 경기를 다시 시작하지 않았을 경우

5) 심판원이 경고를 하였음에도 불구하고 고의로 반칙행위를 거듭하였을 경우

6) 심판원이 경기에서 퇴장하라고 명령한 선수가 따르지 않았을 경우

7) 더블헤더의 제2경기 때 제1경기가 끝난 뒤 20분 안에 경기장에 나오지 않았을 경우

8) 팀이 경기장에 9명의 선수를 내보내지 못하거나 이것을 거부하였을 경우

9) 주심이 몰수경기를 선언하였을 때는 선언 후 24시간 이내에 그 사유를 서면으로 커미셔너(총재)에게 보고하여야 한다. 주심이 보고를 하지 않은 경우에도 몰수경기에는 변동이 없다.

하. 제소경기

1) 각 리그는 제소 절차에 대한 규칙을 만들어야 한다.

2) 이 절차에 따라 감독은 심판원의 판정이 야구 규칙에 위반되었다고 판단할 경우에 심의를 청구한다.

3) 심판원의 판정에 따른 제정에 대해서는 어떤 제소도 허용되지 않는다.

4) 커미셔너의 제소 경기에 관한 결정은 최종적인 것이 된다. 심판원의 제정이 규칙에 어긋났다고 결론이 났을 때라도 총재는 그 위반 때문에 제소 팀이 이길 수 있는 기회를 잃어버렸다고 판단하지 않는 한 재경기를 명하지 않는다.

제10절 축구 매너(manner)

1. 국제축구연맹(FIFA)의 경기규칙의 준수 및 금지사항

가. 반칙과 불법 행위의 처벌

1) 직접 프리킥

가) 주심은 다음의 6개 반칙 중 어느 것을 범했을 경우 상대팀에게 직접 프리킥을 부여한다.

(1) 상대방을 차거나 차려고 했을 때

(2) 상대방의 발을 걸었거나 넘어뜨리려고 했을 때

(3) 상대방에게 덤벼들었을 때

(4) 상대방을 차징(charging) 했을 때

(5) 상대방을 때리거나 때리려고 했을 때

(6) 상대방을 밀었을 때

나) 다음의 4개 반칙 중 어느 것을 범했을 때 상대팀에게 직접 프리킥을 부여한다.

(1) 볼을 소유하고자 상대선수에게 태클을 하였으나 볼을 터치하기 전에 상대방에게 먼저 접촉하는 경우

(2) 상대방을 잡았을 때

(3) 상대방에게 침을 뱉었을 때

(4) 의도적으로 볼에 손을 댔을 때

2) 페널티킥

가) 만일 인 플레이 중에 볼의 위치와 관계없이 선수가 자신의 페널티 에어리어 내에서 위의 10가지 반칙 중 한 가지를 범했다면 페널티킥이 부여된다.

3) 간접 프리킥

(1) 자신의 페널티 에어리어 내에 있는 골키퍼가 다음 4가지 반칙 중 어느 한 가지를 범했을 경우 상대팀에게 간접 프리킥이 부여된다.

(가) 손으로 볼을 다루고 있던 골키퍼가 볼을 손에서 놓기

까지 6초의 시간이 초과했을 때

(나) 손으로 잡고 있던 볼을 방출시킨 후 다른 선수가 터치하기 전에 그의 손으로 볼을 다시 터치했을 때

(다) 팀 동료가 의도적으로 킥하여 준 볼을 손으로 터치했을 때

(라) 팀 동료가 행한 스로인을 직접 받은 후 손으로 볼을 터치했을 때

(2) 주심의 견해로 선수가 다음의 반칙을 범했을 때 상대팀에게 간접 프리킥이 부여된다.

(가) 위험한 태도로 플레이할 때

(나) 상대방의 진행을 방해할 때

(다) 손으로 볼을 방출시키려는 골키퍼를 방해할 때

(라) 규칙에 언급되지 않은 어떤 위반이 발생하여 선수에게 경고를 주거나 퇴장시키기 위하여 경기가 잠시 중지되었을 때

4) 징계 및 처벌

가) 출전 선수, 교체 선수, 교체된 선수들에게만 레드카드나 옐로우 카드를 제시 할 수 있다.

나) 주심은 경기장에 들어가는 순간부터 경기 종료 신호 후 경기장을 떠날 때까지 징계 처벌을 할 수 있는 권한이 있다.

5) 경고성 반칙

가) 다음의 7가지 반칙 중 어느 것을 범하였을 경우 옐로우 카드를 보여 경고 조치한다.

(1) 반스포츠적 행위를 한 경우

(2) 말 또는 행동으로 항의한 경우

(3) 지속적으로 경기 규칙을 위반한 경우

(4) 경기 재개를 지연시킨 경우

(5) 프리킥, 코너킥, 스로인으로 경기를 재개할 때 요구된 거리를 지키지 않을 경우

(6) 주심의 허가 없이 입장 또는 재입장한 경우

(7) 주심의 허가 없이 고의적으로 경기장을 떠난 경우

6) 퇴장성 반칙

가) 경기자, 교체 선수 또는 교체된 선수가 다음의 7가지 반칙 중 어느 것을 범하였을 경우 레드카드를 보여 퇴장 조치한다.

(1) 심한 반칙 플레이의 경우

(2) 난폭한 행위의 경우

(3) 상대방 또는 다른 사람에게 침을 뱉은 경우

(4) 의도적인 핸드볼로 상대팀의 득점 또는 명백한 득점 기회를 저지시킨 경우

(5) 상대방이 골을 향하여 움직이고 있을 때 프리킥 또는 페널티킥으로 처벌하여야 할 반칙을 하여 명백한 득점 기회를 저지시킨 경우

(6) 공격적, 모욕적 또는 욕설적인 언어나 행동을 한 경우

(7) 한 경기에서 두 번째 경고를 받은 경우

7) 레드카드를 보여 퇴장 조치된 선수, 교체 선수 또는 교체된 선수는 반드시 경기장 주변을 떠나야 한다.

나. 심판들을 위한 추가 지시사항과 지침

1) 반칙의 기본 조건

가) 선수에 의해 범해져야 한다.

나) 경기장 내에서 발생해야 한다.

다) 인 플레이 중에 발생해야 한다.

2) "조심성 없이·무모하게·과도한 힘을 사용하여"의 의미

가) "조심성 없이"는 "선수가 도전할 때 주의력이나 배려의 부족을 나타낸 것" 또는 "선수가 신중함 없이 행동한 것"을 의미한다.

만일 반칙이 "조심성 없이"로 판단되면 추가적인 징계 조치가 필요하지 않다.

나) "무모하게"는 "선수가 상대편에 대한 위험 또는 위험에 따

른 결과를 완전히 무시한 채 행동한 것"을 의미한다.

무모한 태도로 플레이를 한 선수는 경고 조치되어야 한다.

다) "과도한 힘을 사용하여"는 "선수가 필요한 힘을 훨씬 초과하여 사용한 것" 또는 "상대편에게 부상을 입힐 위험이 있는 상태"를 의미한다.

과도한 힘을 사용한 선수는 퇴장 조치되어야 한다.

다. 상대편 차징(charging)

1) 차징 행동은 팔 또는 팔꿈치의 사용 없이 플레이 거리 내에서 신체 접촉을 이용한 공간에 대한 도전이다.

2) 상대편의 차징이 다음의 경우에 위반이 된다.

가) 조심성이 없는 태도의 경우

나) 무모한 태도의 경우

다) 과도한 힘을 사용한 경우

라. 상대편 붙잡기

1) 상대편을 붙잡기는 손, 팔, 몸통을 이용하여 지나가는 것 또는 주변으로 돌아가는 것을 방해하는 행동을 말한다.

2) 심판원은 코너킥과 프리킥에서 특히 페널티 에어리어 내의 붙잡기 위반에 대해 초기에 개입하고 엄중하게 처리하여야 한다.

3) 이 상황을 처리하기 위하여

가) 주심은 볼이 인 플레이 되기 전에 상대편을 붙잡는 선수를 주의 조치한다.

나) 만일 볼이 인 플레이 되기 전에 붙잡기가 계속된다면 선수를 경고 조치한다.

다) 만일 볼이 인 플레이된 후 다시 발생하면 직접 프리킥 또는 페널티킥을 부여하고 선수를 경고 조치한다.

4) 만일 수비수가 공격수를 페널티 에어리어 밖에서 붙잡기 시작하여 페널티 에어리어 내까지 붙잡기를 계속한다면 주심은 페널티킥을 부여한다.

5) 징계·처벌

가) 상대편이 볼의 소유를 얻는 것 또는 유리한 위치를 잡는 것을 방해하기 위해 선수가 상대편을 붙잡을 때는 반스포츠적 행위로 경고 조치한다.

나) 만일 선수가 상대편을 붙잡아 명백한 득점 기회를 저지한다면 선수는 퇴장 조치한다.

다) 다른 상황의 상대편 붙잡기는 추가로 취할 징계 조치는 없다.

마. 핸드볼

1) 핸드볼은 선수가 자신의 손 또는 팔로 볼과 접촉하는 의도적인 행동과 관련 된다.

가) 볼을 향한 손의 움직임(볼이 손을 향한 것이 아님)

나) 상대편과 볼 사이의 거리(예상 밖의 볼)

다) 손의 위치는 반드시 위반을 의미하지 않는다.

라) 손에 물건을 쥐고서 (의류, 정강이 보호대 등) 볼을 터치하는 것은 위반으로 간주된다.

마) 물건을 던져 (신발, 정강이 보호대 등) 볼을 맞히는 것은 위반으로 간주된다.

2) 징계·처벌

가) 선수가 의도적으로 핸드볼 할 때 반스포츠적 행위로 경고 조치가 필요한 경우가 있다.

(1) 상대편이 볼을 소유 하는 것을 방해하기 위해서 의도적이고 노골적으로 핸드볼 할 때

(2) 의도적으로 핸드볼 하여 득점을 시도할 때

나) 만일 선수가 의도적으로 핸드볼 하여 득점 또는 명백한 득점 기회를 저지한다면 선수는 퇴장된다. 이 처벌은 의도적으로 볼을 다룬 선수의 핸드볼 반칙이 아니라 명백한 득점 기회를 무산시킨 행동이기 때문이다.

바. 골키퍼의 위반사항

1) 골키퍼가 자신의 손에 볼을 6초 이상 소유하고 있는 것이 허

용되지 않는다. 골키퍼는 다음의 경우에 볼을 소유하고 있는 것으로 간주된다.

가) 볼이 골키퍼의 양 손 사이 또는 골키퍼의 손과 어떤 표면(지면이나 자신의 신체) 사이에 있는 동안

나) 손을 편 채로 팔을 쭉 뻗어 볼을 잡고 있는 동안

다) 볼을 지면에 바운드 하고 있는 동안 또는 공중으로 토스하고 있는 동안

2) 골키퍼가 양 손으로 볼을 소유하고 있을 때 그는 상대편에 의해 도전을 받지 않는다.

3) 골키퍼는 다음의 경우에 자신의 페널티 에어리어 내에서 손으로 볼을 터치하는 것이 허용되지 않는다.

가) 골키퍼가 소유한 볼을 방출한 후 다른 선수에 의해 터치되기 전에 다시 손으로 볼을 다루는 것.

나) 손 또는 팔의 어느 부분으로 볼을 터치하고 있는 것은 골키퍼가 볼을 관리하고 있는 것으로 간주된다.

다) 볼이 동료 선수에 의해 킥이 된 후 골키퍼가 볼을 손으로 다시 터치하는 경우

라) 동료 선수가 실시한 스로인을 골키퍼가 직접 받아 볼을 손으로 터치하는 경우

사. 골키퍼에 대한 위반사항

1) 골키퍼가 손에서 볼을 방출하는 것을 방해한 선수는 위반이 된다.

2) 골키퍼가 볼을 방출하는 과정에서 선수가 볼을 차거나 차려고 시도한다면 위험한 태도로 플레이한 것에 대해 처벌을 받아야 한다.

3) 정당하지 못하게 골키퍼를 방해하여 골키퍼의 움직임을 제한하는 것은 위반이 된다.

아. 위험한 태도의 플레이

1) 위험한 태도의 플레이는 다른 선수들에게 부상을 위협하는 행

동을 말한다.

2) 가위차기는 주심의 견해로 상대편에게 위험하지 않다면 허용될 수 있다.

3) 위험한 태도의 플레이는 신체 접촉과는 다른 의미이다.
신체 접촉 행위는 직접 프리킥 또는 페널티킥으로 처벌하는 위반사항이다.

4) 징계·처벌

가) 선수가 위험한 플레이를 정상적인 도전에서 한다면 주심은 어떤 징계도 취하지 않는다.
만일 분명하게 부상 위험을 동반한 행동이 이루어진다면 주심은 선수를 경고 조치한다.

나) 만일 선수가 위험한 태도로 플레이를 하여 명백한 득점 기회를 저지한다면 주심은 선수를 퇴장 조치한다.

자. 카드 제시를 위한 경기 재개 지연

1) 주심이 경고 또는 퇴장 카드를 제시하기 위해서는 처벌이 조치될 때까지 경기는 재개되지 않는다.

차. 반스포츠적 행위에 대한 경고

1) 선수가 반스포츠적 행위로 경고를 받는 상황은 다음과 같다.

가) 가망성 있는 공격을 방해 또는 무산시키기 위해 전략적 목적으로 반칙을 범할 때

나) 상대편을 볼에서 멀리 떼어 놓기 또는 상대편이 볼을 소유하는 것을 방해할 목적으로 붙잡을 때

다) 상대편의 볼 소유 또는 공격의 전개를 방해하기 위해 핸드볼 했을 때

라) 득점을 시도하기 위해 핸드볼 했을 때

마) 부상을 가장하기 또는 반칙을 당했다고 시뮬레이션하여 주심을 속이기 위한 시도를 했을 때

바) 주심의 허락 없이 골키퍼와 위치를 바꾸었을 때

사) 불경한 태도로 경기에 임할 때

아) 선수가 경기장을 떠나도록 허락을 받은 후 경기장을 걸어 나가는 도중에 플레이를 할 때

자) 경기 중 또는 경기 재개를 할 때 상대편을 구두로 속일 때

차) 경기장에 허가 받지 않은 표시를 할 때

카. 득점 축하 행동

1) 득점이 되었을 때 선수가 자신의 기쁨을 나타내는 것은 허용되지만 축하는 과도하지 않아야 된다.

2) 타당한 축하는 허용되지만 과도한 시간 낭비의 결과가 될 때 주심은 간섭을 하여야 한다.

3) 다음의 경우에는 선수는 경고 조치를 받아야 한다.

가) 선수가 선동적, 조롱적, 혐오적인 제스처를 할 때

나) 선수가 득점을 축하하기 위해 주변의 담장에 올라갈 때

다) 선수가 자신의 상의를 벗거나 상의로 머리를 덮을 때

라) 선수가 복면 또는 이와 유사한 물품으로 머리 또는 얼굴을 덮을 때

4) 득점을 축하하기 위해 경기장을 떠나는 것은 경고성 위반이 아니지만 선수들이 빨리 경기장에 복귀하는 것은 필수적이다.

타. 말 또는 행동으로 항의하기

1) 심판의 판정에 대해 이의를 제기하며 말 또는 행동으로 항의하는 선수는 반드시 경고 조치한다.

2) 팀의 주장은 경기 규칙에 따른 특권은 없지만 자기 팀의 행동에 대하여 어느 정도의 책임이 있다.

파. 경기 재개의 지연

1) 주심은 다음의 전술로 경기 재개를 지연시킨 선수를 경고 조치하여야 한다.

가) 주심이 프리킥을 다시 하라는 명령을 지적받기 위한 목적으로 잘못된 위치에서 프리킥을 할 때

나) 스로인을 하려다가 갑자기 동료 선수에게 넘겨주고 떠날 때

다) 주심이 플레이를 중지시킨 후 볼을 멀리 차거나 손으로 볼을 멀리 옮길 때

라) 스로인 또는 프리킥을 지나치게 지연할 때

마) 교체 시 경기장을 떠나는 것을 지연할 때

바) 주심이 플레이를 중단시킨 후 볼을 의도적으로 터치하여 충돌을 유발할 때

하. 지속적인 위반

1) 심판은 지속적으로 경기 규칙을 위반하는 선수를 항상 경계하여야 한다.

그 선수가 다른 위반을 범할지라도 지속적인 경기 규칙 위반으로 경고 조치됨을 알아야 된다.

제11절 태권도 매너(manner)

1. 대한태권도협회(KTA) 겨루기 경기규칙의 준수 및 금지사항

가. 선수의 자격 요소

1) 선수의 자격

가) 국기원의 품·단증 소지자로서 당해 연도 선수등록을 필한 자

나) 경기 참가에 문제가 되는 심신의 결격이 없는 자

다) 청소년올림픽, 세계주니어선수권대회, 유니버시아드, 세계대학선수권대회 등 국제대회의 선수자격 요건은 각 대회요강이 정한 규정을 따른다.

라) 초등부 : 초등학교에 재학 중 인자

마) 중등부 : 중학교에 재학 중 인자

바) 고등부 : 고등학교에 재학 중 인자

사) 대학부 : 대학교에 재학 중 인자

아) 일반부 : 만 8세 이상으로 일반부로 등록한 자

2) 복장

가) 경기에 임하는 선수는 본 협회가 공인한 도복 및 보호구를

착용하여야 한다.

나) 경기에 임하는 남·여 선수는 몸통보호구, 머리보호구, 샅보대, 팔다리 보호대, 손·발등 보호대, 마우스피이스를 착용하여야 하며 보호구 및 보호대 미착용 시 출전을 금지한다.

3) 의무사항

가) 세계반도핑기구(WADA)가 금지하는 약물을 사용 또는 복용하여서는 안 된다.

나) 협회는 필요에 따라 약물 복용 여부를 검사한다. 검사에 불응하거나 금지하는 약물을 복용한 사실이 판명되면 입상자는 등위가 박탈되며 차위자가 그 등위를 승계한다.
박탈자는 당해 연도 선수등록을 무효 조치하며 상벌위원회에서 징계 처리된다.

다) 몸을 청결히 하고 공인된 경기용구 이외의 물체를 지녀서는 안 된다.

라) 대전 순서를 확인하여 대기하고, 호명 시에는 경기용구를 착용하여 대전 준비를 하며 일방적으로 경기장을 이탈해서는 안 된다.

마) 경기 중 발생한 상해 및 사망에 대하여 협회, 경기주최, 주관단체, 상대선수에게 책임을 묻지 못한다.
다만, 고의적인 행동에 의하여 발생한 사고에 대해서는 과실을 범한 선수측에서 그 책임을 져야한다.

나. 임원(감독·코치)의 자격 요소

1) 임원의 자격

가) 사범자격증 소지자

나) 당해 연도 경기규칙강습회 교육을 수료한 자

다) 심신의 결격 사유가 없는 자로서 당해 연도 임원(감독·코치) 등록을 필한 자

라) 사범자격증을 소지하지 못한 감독, 교사는 해당 연도 경기규칙강습회를 수료하고 소속장의 추천을 받아 임원 등록을

할 수 있다.

2) 복장

가) 경기에 임하는 임원(감독·코치)은 협회가 발급한 임원증을 패용하여야 한다.

나) 임원(감독·코치)의 복장은 경기장내에서 주의를 끄는 색상이거나 심판원의 복장과 동일해서는 안된다.

3) 의무사항

가) 임원(감독·코치)은 경기규칙을 잘 알고 지켜야 한다.

나) 임원(감독·코치)은 선수를 보호하고 경기진행에 협조하여야 한다.

다) 임원(감독·코치)은 소속팀 이외 선수의 경기에 코치로서 임할 수 없다.

라) 주심의 허락 없이 경기지역 내에 출입할 수 없다.

4) 금지 행위와 벌칙

가) 금지 행위에 대한 벌칙의 선언은 주심이 한다.

나) 벌칙은 경고와 감점으로 구분한다.

다) 경고 2회 시 감점 1점, 감점 1회 시 상대편에게 1점을 가산한다.

단, 계상되지 않은 경고 1회는 판정에 영향을 미치지 않는다.

5) 경고사항

가) 한계선 밖으로 나가는 행위

나) 넘어지는 행위

다) 상대를 잡거나 끼거나 거는 행위

라) 공격을 하지 않는 행위

마) 바람직 하지 못한 행위

(1) 등을 보이고 피하는 행위

(2) 손으로 상대의 얼굴을 가격하는 행위

(3) 무릎 또는 이마로 상대를 가격하는 행위

(4) 고의적으로 미는 행위

(5) 엄살을 부리는 행위 또는 경기를 회피하는 행위

6) 선수나 코치의 바람직하지 못한 언동

가) 감점사항

(1) 고의적으로 한계선 밖으로 나가는 행위

(2) 상대의 허리 아래 부위를 가격하는 행위

(3) "갈려" 선언 후 상대를 가격하는 행위

(4) 넘어진 상대를 가격하는 행위

(5) 손으로 상대의 얼굴을 고의적으로 가격하는 행위

(6) 선수, 코치가 바람직하지 못한 언동을 심하게 하는 행위

나) 주심은 코치가 규칙을 무시하고 심판의 지시를 따르지 않을 때는 퇴장을 명할 수 있다. 선수의 경우는 즉시 반칙패를 선언할 수 있다.

다) 3회의 감점을 선언 당하면 반칙패로 한다.

라) 경고와 감점은 전 3회전을 통산한다.

마) 전자호구(타격강도 감지호구) 사용 시 경기 중 선수나 코치가 장비를 고의로 조작하였을 때에는 즉시 실격 처리한다.

7) 소청 및 상벌

가) 소청은 경기 중 진행되는 영상판독소청과 경기 종료 후 이루어지는 일반서면소청으로 구분한다.

(1) 영상판독소청 : 경기 중 일어나는 득점과 감점 유무

(2) 일반서면소청 : 일반사항

나) 영상판독소청

(1) 영상판독소청은 득점과 감점선언에 한한다.

(2) 경고와 우세판정은 영상판독소청의 대상이 될 수 없다.

(3) 영상판독소청을 거친 사항은 일반서면소청의 대상이 될 수 없다.

다) 영상판독소청 절차

(1) 각 팀의 지도자는 득점과 감점에 이의가 있을 때는 즉시 카드를 꺼내어 의사를 표명하여 소청을 신청한다.

(2) 영상판독소청은 당해 회전 종료 직후 판독하여 그 결과를 결정한다.

(3) 서든데스(suddendeath) 회전 중에는 경기 중이라도 이의가 있을 때 의사를 표명하면 즉시 판독·결정한다.

라) 영상판독소청의 제기는 각 회전별 1회에 한한다. 단, 제기된 소청의 결과가 기각 되었을 때에는 잔여 회전에서 추가적인 소청 제기를 할 수 없다.

마) 일반소청

(1) 판정에 이의가 있을 때는 소청신청서와 소청료 15만원을 경기종료 후 10분 이내에 제출하여야 한다.

(2) 소청위원회의 심의 의결은 과반수로 결정한다.

(3) 소청위원은 필요에 따라 해당 심판원을 소환하여 진상을 문의할 수 있다.

(4) 소청위원회 의결은 최종적인 것이며 어느 누구도 이의를 제기할 수 없다.

(5) 점수계산의 착오나 청·홍선수의 착각에 의한 경우는 그 결과를 번복한다.

(6) 주심 또는 부심은 타격의 강도, 행위의 정도, 고의성 유·무, 행위의 시간적 유효성 여부 등에 대한 판단은 번복할 수 없다.

(7) 소청위원회의 경기결과 번복에 의한 해당 심판원의 징계사항은 상벌위원회에서 결정한다.

2. 대한태권도협회(KTA) 품새 경기규칙의 준수 및 금지사항

가. 선수의 자격 요소

1) 선수의 자격

가) 국기원의 품·단증 소지자로서 당해 연도 선수 등록을 필한 자

나) 각 부별 소속 등록사항 및 연령에 해당하는 자

2) 의무

가) 선수는 협회가 공인한 도복 및 띠를 착용하여야 한다.

나) 경기 중 선수는 경기에 불필요하거나 방해가 될 수 있는 장신구, 부착물, 휴대품을 착용하거나 지닐 수 없다.

다) 본회는 도복의 장식에 대한 규제사항을 결정할 수 있으며 선수는 이를 반드시 따라야 한다.

라) 선수는 국제올림픽위원회가 금지하는 약품을 사용 또는 복용하여서는 안 되며 적발 시 입상자는 등 위가 박탈되고 차위자가 등위를 승계하며 선수와 임원은 징계위원회에 회부된다.

가. 지도자의 자격 요소

1) 지도자의 자격

가) 사범자격증 소지자

나) 당해 연도 품새 경기규칙강습회 교육을 수료한 자

다) 당해 연도 지도자 등록을 필하고 심신에 결격사유가 없는 자

2) 의무

가) 품새 경기규칙을 잘 알고 지켜야 한다.

나) 선수를 보호하고 경기진행에 협조하여야 한다.

다) 경기장 내에서 소속팀 이외에 다른 선수의 코치를 할 수 없다.

3) 감점 및 탈락

가) 감점사항

(1) 종목별로 지정된 제한경기 시간을 초과할 경우는 0.5(10점제 일 때)를 감점한다.

(2) 규정에 없는 동작(틀린 동작, 기합 등)을 하면 0.3(10점제 일 때)을 감점한다.

나) 탈락사항

(1) 단체전의 경우 소속선수의 불참으로 인해 단체 구성에 미달 또는 초과될 때는 탈락된다.

(2) 참가 선수 중 부정선수 발견 시 게임몰수 및 탈락한다. (지도자 및 해당 팀 징계)

(3) 고의로 기권을 하거나 승부조작에 해당하는 행위를 한 경우는 선수 및 지도자를 징계한다.

(4) 중복 출전한 선수가 개인전에서 출전포기 각서를 제출했을 때 그 선수는 복식전과 단체전에도 참가할 수 없다.

(5) 경기시간에 경기장 입장을 못한 경우 탈락한다.

4) 소청 심의 절차

가) 판정에 이의가 있을 때는 소청신청서와 소청료 15만원을 경기종료 후 10분 이내에 제출하여야 한다.

나) 소청위원은 필요에 따라 해당 심판을 소환하여 진상을 문의할 수 있으며 판정기록지나 경기 내용의 비디오 판독 등을 검토 후 심의하며 의결은 과반수로 결정한다.

다) 소청위원회 의결은 최종적이며 어느 누구도 이의를 제기할 수 없다.

라) 결과의 처리

(1) 점수 계산의 착오나 청·홍선수의 착각에 의한 경우는 그 결과를 번복한다.

(2) 소청위원회의 심의결과 해당 심판의 징계사항은 상벌위원회에서 결정한다.

제12절 테니스 매너(manner)

1. 대한테니스협회(KTA) 경기규칙의 준수 및 금지사항

가. 서브 및 리시브할 때 (When to Serve & Receive)

서버는 리시버가 준비 자세를 취할 때까지 서브하지 말아야 한다. 리시버는 서버의 합리적인 페이스(pace)에 맞춰 서버가 준비하는 시간 안에 리시브할 준비를 취해야 한다. 서비스를 리턴할 자세의 리시버는 준비가 되어있는 걸로 간주되어야 한다.

나. 실점 (Player Loses Point)

1) 두 개의 서비스가 연속해서 폴트 될 경우

2) 인 플레이 중 볼이 두 번 연속해서 바운드되기 전에 리턴하지 못하는 경우
3) 인 플레이 중 볼이 바닥에 바운드되기 전에 어떤 물체에 맞거나 코트 밖으로 떨어졌을 경우
4) 인 플레이 중 볼이 바닥에 바운드되기 전에 퍼머넌트 픽스쳐(Permanent Fixtures)에 맞았을 경우
5) 리시버가 서비스를 바운드되기 전에 리턴 했을 경우
6) 인 플레이 중 선수가 고의로 볼을 잡거나 고의로 볼이 라켓에 두 번 이상 닿게 했을 경우
7) 인 플레이 중 선수나 라켓이 선수의 손에 쥐어져 있든 아니든, 선수가 입고 있는 옷이나 갖고 있는 어떤 것이라도 네트, 네트포스트/싱글스틱, 코드, 금속케이블, 스트랩, 밴드, 상대의 코트에 닿는 경우
8) 볼이 네트를 넘어오기 전에 치는 경우
9) 인 플레이 중 볼이 선수에게 닿거나 라켓 이외에 선수가 입고 있는 옷이나 갖고 있는 어떤 것이라도 닿는 경우
10) 인 플레이 중 볼이 선수가 잡고 있지 않은 라켓에 닿는 경우
11) 인 플레이 중 선수가 고의로 라켓의 모양을 변형시키는 경우
12) 복식에서 리턴 할 때 두 선수 모두가 볼을 쳤을 경우

다. 방해 (Hindrance)

1) 인 플레이 중 상대로부터 고의적인 방해를 받았다면 방해를 당한 선수가 그 포인트를 득점한다.
2) 그러나 인 플레이 중 상대의 방해 또는 고의가 아니거나, (퍼머넌트 픽스쳐를 제외한) 다른 것으로부터 방해를 받은 경우에는 그 포인트는 다시 하여야 한다.

라. 코칭(Coaching)

1) 선수가 들을 수 있거나 볼 수 있는 어떠한 지시 또는 대화도 코칭으로 간주된다.
2) 팀 감독이 코트 상에 위치하는 단체전에서는 그 감독이 세트

브레이크와 엔드체인지하는 시간에 선수에게 코치할 수 있다.

3) 그러나 각 세트의 첫 게임 후 및 타이브레이크 중의 엔드체인지 때에는 할 수 없다.

4) 그 이외 모든 매치에서는 코칭이 허용되지 않는다.

마. 코트 심판의 역할 (Role of Court Officials)

1) 레퍼리(Referee)는 테니스 규칙의 모든 질문에 대한 최종 권한을 갖고 있으며 레퍼리의 결정이 최종적이다. 주심이 배치된 매치에서는 주심이 매치 중의 모든 질의에 대한 최종권한을 갖는다.

2) 선수는 테니스 규칙에 대하여 주심의 해석에 이견이 있을 경우 레퍼리를 코트로 불러올 수 있는 권한을 갖는다.

3) 선심과 네트 엄파이어가 배치된 매치에서는 그들이 라인 및 네트와 관련된 모든 콜(풋폴트 포함)을 한다.

4) 주심은 선심 또는 네트 엄파이어의 콜이 잘못되었다고 확신할 때 그것을 뒤집을 수 있는 권한이 있다.

주심은 선심이나 네트 엄파이어가 없을 때는 라인과 네트(풋폴트 포함)에 관한 모든 콜의 책임이 있다.

5) 선심이 콜을 결정할 수 없을 경우에는 주심이 결정하도록 즉시 신호를 보내야 한다.

6) 선심이 콜을 할 수 없거나 선심이 없을 경우, 주심이 인/아웃에 대한 결정을 할 수 없는 경우 그 포인트는 다시 해야 한다.

7) 레퍼리가 코트에 앉아있는 단체전에서는 레퍼리 또한 인/아웃에 대한 최종판결권한을 갖는다.

8) 주심이 필요하다고 판단될 때는 언제라도 경기를 중단시키거나 미룰 수 있다.

9) 레퍼리 역시 어두워졌거나 날씨 또는 코트 사정이 좋지 못한 경우 경기를 중단하거나 미룰 수 있다.

10) 어두워짐으로 해서 경기를 미루어야 할 때는 경기가 세트 끝이나 치른 게임수의 합이 짝수일 때 해야 한다.

경기를 재개할 때는 이전의 스코어와 위치에서 재개하여야 한다.

11) 주심 또는 레퍼리는 행동규범 (Code of Conduct)을 고려하여 계속적 경기 및 코칭에 대하여 판단하여야 한다.

바. 휠체어 테니스 규칙

1) 다음과 같은 사항을 제외하고는 휠체어 테니스 경기는 ITF 테니스 규칙에 따른다.

가) 두 번 바운드 규정

휠체어 테니스 선수는 볼을 두 번 바운드해서 치는 게 허용된다.

선수는 볼이 세 번 바운드되기 전에 리턴 하여야 한다.

두 번째 바운드로 코트에 들어갔는지 나갔는지를 판별할 수도 있다.

나) 휠체어

휠체어를 몸의 일부로 보아 선수의 몸에 해당하는 모든 규정을 휠체어에 적용하여야 한다.

다) 서비스

서비스를 넣기 직전에 서버는 일단 정지 상태를 취하여야 한다. 그리고 나서 타구 전에 한 차례 밀기가 허용된다.

서버는 서비스를 넣는 동안 휠이나 센터마크와 사이드라인 가상연장선상 범위 안의 베이스라인 뒤를 제외한 어느 곳에도 닿으면 안 된다.

일반적인 방법으로 서비스 넣기가 불가능한 사지마비 장애 선수는 다른 사람이 해당 선수의 서비스를 위하여 볼을 떨어뜨려 줄 수 있으나 매번 동일한 방법을 사용하여야 한다.

라) 실점

(1) 볼이 바닥에 세 번 닿기 전에 리턴하지 못한 경우

(2) 선수는 인 플레이 중 서비스를 넣거나, 볼을 치거나, 바닥 또는 휠에 대해 돌거나 멈출 때 그의 발이나 사지의

일부를 브레이크 또는 안전장치로 사용하는 경우

(3) 선수가 볼을 칠 때 엉덩이 한 쪽을 그의 휠체어 시트에 붙이지 않은 경우

마) 발로 휠체어 추진하기

(1) 용량 부족으로 선수가 휠을 통해 휠체어를 추진할 수 없는 경우 한 쪽 발을 사용하여 휠체어를 후진해도 된다.

(2) 선수가 한 발을 이용해 휠체어를 후진하는 게 허용된다 하더라도 그 선수의 발 일부가 다음과 같은 경우 바닥에 닿으면 안 된다.

(가) 라켓이 볼을 칠 때를 포함하여 전진하는 스윙 동작일 때

(나) 서비스 동작의 시작부터 라켓이 볼을 칠 때까지

바) 휠체어와 비장애인 테니스규칙의 적용

(1) 휠체어 테니스 선수가 비장애인과 함께 또는 상대하여 경기할 경우에 휠체어 테니스 규칙은 휠체어 테니스 선수에게 적용되고, 비장애인 테니스 규칙은 비장애인 테니스 선수에게 적용된다.

(2) 이런 경우 비장애인 선수는 원바운드만 허용하고 휠체어 선수는 투 바운드가 허용된다.

* 하부사지 : 둔부, 엉덩이, 허벅지, 다리, 발목 및 발을 포함한 하부수족을 뜻한다.

제9장

스포츠 관련 법규(法規)

제1절 국민체육진흥법

1. 주관기관

문화체육관광부 체육정책과, 02-3704-9819

국민체육진흥법

[시행 1962. 9. 17.] [법률 제1146호, 1962. 9. 17, 제정]
[시행 2010. 1. 27.] [법률 제9976호, 2010. 1. 27, 일부개정]

제1장 총칙

제1조(목적) 이 법은 국민체육을 진흥하여 국민의 체력을 증진하고, 건전한 정신을 함양하여 명랑한 국민생활을 영위하게 하며, 나아가 체육을 통하여 국위 선양에 이바지함을 목적으로 한다.

제2조(정의) 이 법에서 사용하는 용어의 뜻은 다음과 같다.〈개정 2008. 2. 29.〉

1. "체육"이란 운동경기·야외 운동 등 신체 활동을 통하여 건전한 신체와 정신을 기르고 여가를 선용하는 것을 말한다.
2. "전문체육"이란 선수들이 행하는 운동경기 활동을 말한다.

3. “생활체육”이란 건강과 체력 증진을 위하여 행하는 자발적이고 일상적인 체육 활동을 말한다.
4. “선수”란 경기단체에 선수로 등록된 자를 말한다.
5. “학교”란 「초·중등교육법」 제2조 및 「고등교육법」 제2조에 따른 학교를 말한다.
6. “체육지도자”란 학교·직장·지역사회 또는 체육단체 등에서 체육을 지도하는 자로서 학교 체육교사, 생활체육지도자, 경기지도자 등을 말한다.
7. “체육동호인조직”이란 같은 생활체육 활동에 지속적으로 참여하는 자의 모임을 말한다.
8. “운동경기부”란 선수로 구성된 학교나 직장 등의 운동부를 말한다.
9. “체육단체”란 체육에 관한 활동이나 사업을 목적으로 설립된 법인이나 단체를 말한다.
10. “도핑”이란 선수의 운동능력을 강화시키기 위하여 문화체육관광부장관이 고시하는 금지 목록에 포함된 약물 또는 방법을 복용하거나 사용하는 것을 말한다.
11. “경기단체”란 특정 경기 종목에 관한 활동과 사업을 목적으로 설립되고 대한체육회나 대한장애인체육회에 가맹된 법인이나 단체를 말한다.
12. “체육진흥투표권”이란 운동경기 결과를 적중시킨 자에게 환급금을 내주는 표권(票券)으로서 투표 방법과 금액, 그 밖에 대통령령으로 정하는 사항이 적혀있는 것을 말한다.

제3조(체육 진흥 시책과 권장) 국가와 지방자치단체는 국민체육 진흥에 관한 시책을 마련하고 국민의 자발적인 체육 활동을 권장·보호 및 육성하여야 한다.

제4조(기본 시책의 수립 등) ①문화체육관광부장관은 국민체육 진흥에 관한 기본 시책을 수립·시행한다.〈개정 2008. 2. 29.〉

②지방자치단체의 장은 제1항의 기본 시책에 따라 그 지방자치단체의 체육 진흥 계획을 수립·시행하여야 한다.

제5조(지역체육진흥협의회) ①지방자치단체의 체육 진흥 계획을 수립하고 그 밖에 체육 진흥에 관한 중요 사항을 협의하기 위하여 지방자치단체에 지역체육진흥협의회(이하 "협의회"라 한다)를 둘 수 있다.

②협의회의 조직과 운영에 필요한 사항은 해당 지방자치단체의 조례로 정한다.

제6조(협조) 제4조에 따른 기본 시책과 체육 진흥 계획의 수립·시행에 관하여 문화체육관광부장관이나 지방자치단체의 장이 요청하면 관계 기관과 단체는 이에 협조하여야 한다.〈개정 2008. 2. 29.〉

제2장 체육 진흥을 위한 조치

제7조(체육의 날과 체육 주간) ①국민의 체육 의식을 북돋우고 체육을 보급하기 위하여 매년 체육의 날과 체육 주간을 설정한다.

②체육의 날과 체육 주간 및 그 행사에 필요한 사항은 대통령령으로 정한다.

제8조(지방 체육의 진흥) ①지방자치단체는 지역 주민의 건강과 체력 증진을 위하여 건전한 체육 활동을 생활화할 수 있도록 시설 등 여건을 조성하고 지원하여야 한다.

②지방자치단체는 그 행정구역 단위로 연 1회 이상 체육대회를 직접 개최하거나 체육단체로 하여금 이를 개최하도록 지원하여야 한다.

③지방자치단체는 직장인 체육대회를 연 1회 이상 개최하여야 한다.

제9조(학교 체육의 진흥) 학교는 학생의 체력 증진과 체육 활동 육성에 필요한 조치를 마련하여야 한다.

제10조(직장 체육의 진흥) ①국가와 지방자치단체는 직장 체육 진흥에 필요한 시책을 마련하여야 한다.

②직장의 장은 대통령령으로 정하는 바에 따라 체육 동호인조직과 체육진흥관리위원회를 설치하는 등 직장인의 체력 증진과 체육 활동 육성에 필요한 조치를 마련하여야 한다.

③대통령령으로 정하는 직장에는 직장인의 체력 증진과 체육 활동지

도·육성을 위하여 생활체육지도자를 두어야 한다.

④「공공기관의 운영에 관한 법률」에 따른 공공기관 중 대통령령으로 정하는 기관(이하 "공공기관"이라 한다)과 대통령령으로 정하는 직장에는 한 종목 이상의 운동경기부를 설치·운영하고 경기지도자를 두어야 한다.〈개정 2009. 3. 18.〉

⑤제2항부터 제4항까지의 규정에 따른 직장 체육에 관한 업무는 시장·군수·구청장(자치구의 구청장을 말한다)이 지도·감독한다.

第11조(체육지도자의 양성) ①국가는 국민체육 진흥을 위한 체육지도자의 양성과 자질 향상을 위하여 필요한 시책을 마련하여야 한다.

②문화체육관광부장관은 대통령령으로 정하는 자격요건을 갖춘 자로서 문화체육관광부령으로 정하는 연수 과정을 수료하고 검정에 합격한 자에게 체육지도자의 자격을 부여한다. 다만, 학교 체육교사로서 문화체육관광부령으로 정하는 기준을 갖춘 자 등 대통령령으로 정하는 자에게는 연수와 검정의 전부 또는 일부를 면제할 수 있다.〈개정 2008. 2. 29.〉

③체육지도자의 종류·등급·검정 및 자격 부여 등에 필요한 사항은 대통령령으로 정한다.

第12조(부정행위자에 대한 자격취소 등) ①문화체육관광부장관은 제11조제2항에 따른 체육지도자 자격을 부정한 방법으로 취득한 자에 대하여는 그 자격을 취소하여야 한다.〈개정 2008. 2. 29.〉

②제11조 제2항에 따른 체육지도자 자격검정을 받는 자가 그 검정에서 부정행위를 한 때에는 현장에서 그 검정을 중지시키거나 무효로 한다.

③제1항에 따라 자격이 취소된 자나 제2항에 따라 검정이 중지되거나 무효로 된 자는 그 취소·중지 또는 무효로 된 날부터 3년간 체육지도자 자격검정을 받을 수 없다.

第13조(체육시설의 설치 등) ①국가와 지방자치단체는 국민의 체육 활동에 필요한 시설의 적정한 확보와 이용에 필요한 시책을 마련하여야 한다.

②국가와 지방자치단체는 장애인 체육 활동에 필요한 시설의 설치와 운영에 필요한 시책을 마련하여야 한다.

③직장에는 종업원의 체육 활동에 필요한 시설을 설치·운영하여야 하며, 학교와 직장의 체육시설은 학교 교육과 직장 운영에 지장이 없는 범위에서 지역 주민에게 개방·이용되어야 한다.

④국가와 지방자치단체는 민간의 체육시설 설치를 권장하고 건전하게 운영되도록 하여야 한다.

⑤제1항부터 제4항까지의 규정에 따른 체육시설의 설치·이용 등에 필요한 사항은 따로 법률로 정한다.

제14조(선수 등의 보호·육성) ①국가와 지방자치단체는 선수와 체육지도자에 대하여 필요한 보호와 육성을 하여야 한다.

②국가와 지방자치단체는 우수 선수와 체육지도자 육성을 위하여 필요한 표창제도를 마련하여야 한다.

③국가, 지방자치단체, 공공기관, 그 밖에 대통령령으로 정하는 단체는 대통령령으로 정하는 우수 선수에게 아마추어 경기 생활을 할 수 있게 하기 위하여 문화체육관광부장관이 요청하면 우수 선수와 체육지도자를 고용하여야 한다.〈개정 2008. 2. 29, 2009. 3. 18.〉

④국가는 올림픽대회, 장애인올림픽대회, 그 밖에 대통령령으로 정하는 대회에서 입상한 선수 또는 그 선수를 지도한 자와 체육 진흥에 뚜렷한 공이 있는 원로 체육인에게 대통령령으로 정하는 바에 따라 장려금이나 생활 보조금을 지급하여야 한다.

제15조(도핑 방지 활동) ①국가는 스포츠 활동에서 약물 등으로부터 선수를 보호하고 공정한 경쟁을 통한 스포츠 정신을 높이기 위하여 도핑 방지를 위한 시책을 수립하여야 한다.

②국가는 도핑을 예방하기 위하여 선수와 체육지도자를 대상으로 교육과 홍보를 실시하여야 하고, 체육단체 및 경기단체의 도핑 방지 활동을 지도·감독하여야 한다.

제16조(여가 체육의 육성) ①국가와 지방자치단체는 국민이 여가를 선용할 수 있도록 하기 위하여 여가 체육 활동의 육성·지원에 필요한 시

책을 마련하여야 한다.

②국가와 지방자치단체는 레크리에이션 보급과 프로 경기의 건전한 육성을 위하여 노력하여야 하며, 경마와 경륜·경정 등 국민 여가 체육 활동이 건전하게 시행되도록 지도하여야 한다.

第17조(체육 용구의 생산 장려 등) ①국가와 지방자치단체는 국민체육 진흥을 위하여 대통령령으로 정하는 체육 용구·기자재(이하 "체육용구 등"이라 한다)의 생산 장려에 필요한 조치를 마련하여야 한다.

②문화체육관광부장관은 국민체육진흥을 위하여 특히 필요하다고 인정하면 제1항의 체육용구 등을 생산하는 업체 중 우수 업체를 지정하여 서울올림픽기념국민체육진흥공단으로 하여금 국민체육진흥기금에서 그 자금을 융자하게 할 수 있다.〈개정 2008. 2. 29.〉

③문화체육관광부장관은 체육시설의 설치를 위하여 필요하다고 인정되는 경우와 체육과 관련된 용역을 제공하는 업종으로서 다음 각 호의 어느 하나에 해당하는 산업의 육성을 위하여 필요하다고 인정되는 경우에는 서울올림픽기념국민체육진흥공단으로 하여금 그 자금을 융자하게 할 수 있다.〈개정 2008. 2.29.〉

1. 운동경기의 개최 및 지원과 관련된 경기 전문 종사업
2. 체육 행사의 기획, 수익사업의 대리 및 선수 등의 계약 대리와 관련된 업(業)
3. 체육 관련 정보를 생산하거나 제공하는 업(業)
4. 그 밖에 대통령령으로 정하는 업종

④정부는 고도의 정밀성 등으로 어쩔 수 없이 수입하여야만 하는 체육용구 등에 대하여 「조세특례제한법」으로 정하는 바에 따라 조세 감면 조치를 할 수 있다.

⑤제2항에 따라 우수 업체로 지정을 받으려는 자는 문화체육관광부장관에게 신청하여야 한다.〈개정 2008. 2. 29, 2009. 3. 18.〉

⑥제5항에 따른 신청을 받은 문화체육관광부장관은 우수 업체를 지정하고자 할 때에는 지식경제부장관과 미리 협의하여야 한다. 이 경우 지식경제부장관은 특별한 사유가 없는 한 협의 요청을 받은 날부

터 20일 이내에 문화체육관광부장관에게 의견을 제시하여야 한다. 〈신설 2009. 3. 18.〉

⑦문화체육관광부장관은 제2항에 따라 우수 업체로 지정받은 자가 국민체육진흥기금에서 융자받은 자금을 융자 목적 외에 사용한 때에는 그 지정을 취소할 수 있다.〈개정 2008. 2. 29, 2009. 3. 18.〉

⑧지방자치단체는 제1항에 따른 체육용구 등의 생산 장려에 필요한 조치에 관한 사항을 조례로 정할 수 있다.〈개정 2009. 3. 18.〉

제18조(지방자치단체와 학교 등에 대한 보조) ①국가는 회계연도마다 예산의 범위에서 지방자치단체와 학교 등에 대하여 체육 진흥에 필요한 경비의 일부를 보조한다.

②국가와 지방자치단체는 대한체육회, 대한장애인체육회, 한국도핑방지위원회, 서울올림픽기념국민체육진흥공단, 그 밖의 체육단체와 체육과학연구기관에 대하여 필요한 경비나 연구비의 일부를 보조한다.

제3장 국민체육진흥기금

제19조(기금의 설치 등) ①체육 진흥에 필요한 시설 비용, 그 밖의 경비를 지원하기 위하여 국민체육진흥기금(이하 "기금"이라 한다)을 설치한다.

②기금은 서울올림픽기념국민체육진흥공단이 독립된 회계로 관리·운용하여야 한다.

③기금의 관리·운용에 필요한 사항은 대통령령으로 정한다.

제20조(기금의 조성) ①기금은 다음 각 호의 재원으로 조성한다.〈개정 2008. 2. 29.〉

1. 정부와 정부 외의 자의 출연금(출연금)
2. 문화체육관광부장관이 승인하는 광고 사업의 수입금
3. 골프장(회원제로 운영하는 골프장을 말한다. 이하 같다) 시설의 입장료에 대한 부가금
4. 기금의 운용으로 생기는 수익금
5. 「복권 및 복권기금법」 제23조 제1항에 따라 배분된 복권수익금

6. 제22조 제3항 제3호 및 제4호에 따른 사업에 대한 출자 등에 따른 수익금
7. 제29조 제2항 제2호에 따른 출연금
8. 그 밖에 대통령령으로 정하는 수입금

②정부는 제1항 제1호의 출연금을 회계연도마다 세출예산에 계상(計上)하여야 한다.

③제1항 제1호에 따라 정부 외의 자가 출연하는 경우 그 용도를 지정하여 출연할 수 있다. 다만, 특정 개인에 대한 지원을 용도로 지정할 수 없다.

제21조(올림픽 휘장 사업) ①올림픽을 상징하는 오륜(五輪)과 오륜을 포함하고 있는 모든 표지·도안·표어 또는 이와 비슷한 것을 영리를 목적으로 사용하려는 자는 대한올림픽위원회의 승인을 받아야 한다.

②대한올림픽위원회는 제1항의 승인에 관한 권한을 서울올림픽기념국민체육진흥공단으로 하여금 대행하게 할 수 있다.

③제1항에 따른 사용 승인을 받은 자는 대통령령으로 정하는 바에 따라 그 사용료를 내야 한다.

제22조(기금의 사용 등) ①기금은 다음 각 호의 사업을 위하여 사용한다.

1. 국민체육 진흥을 위한 연구·개발 및 그 보급 사업
2. 국민체육시설 확충을 위한 지원 사업
3. 선수와 체육지도자 양성을 위한 사업
4. 선수·체육지도자 및 체육인의 복지 향상을 위한 사업
5. 광고나 그 밖에 기금 조성을 위한 사업
6. 제14조 제4항에 따른 생활 보조금의 지원
7. 제17조 제2항 및 제3항에 따른 자금의 융자
8. 제24회 서울올림픽대회와 제8회 서울장애인올림픽대회를 기념하기 위한 사업
9. 학교 운동경기부 육성을 위한 사업
10. 대한체육회, 대한장애인체육회, 한국도핑방지위원회, 생활체육 관련 체육단체와 체육과학연구기관의 운영·지원

11. 그 밖에 체육 진흥을 위한 사업으로서 대통령령으로 정하는 사업

②제19조 제2항에 따라 기금을 관리하는 기관(이하 "기금관리기관"이라 한다)이 기금을 운용·관리하는 경우에 국가나 지방자치단체는 그 기금 조성을 지원하기 위하여 기금관리기관에 국유 또는 공유의 시설·물품, 그 밖의 재산을 그 용도나 목적에 지장을 주지 아니하는 범위에서 무상으로 사용·수익하게 하거나 대부할 수 있다.

③기금관리기관은 국민체육 진흥, 청소년 육성 또는 기금 조성을 위하여 기금의 일부나 기금관리기관의 시설·물품, 그 밖의 재산의 일부를 다음의 기금이나 사업 등에 출연하거나 출자할 수 있다.

1. 「청소년기본법」에 따른 청소년육성기금
2. 경기단체의 기본 재산
3. 경륜·경정 사업과 종합 유선 방송 사업
4. 제36조 제1항 제3호에 따른 체육시설의 설치·관리·운영

제23조(부가금의 징수) ①기금관리기관이 제20조 제1항 제3호에 따른 부가금을 징수하려면 미리 문화체육관광부장관의 승인을 받아야 한다.〈개정 2008. 2. 29.〉

②제1항에 따른 부가금은 골프장 시설 입장료의 10분의 1을 초과할 수 없다.

③기금관리기관은 제1항에 따른 승인을 받으면 골프장 시설의 운영자에게 그 승인 내용을 통보하여야 하며, 그 내용을 통보받은 해당 골프장 시설의 운영자는 그 시설 이용자로부터 제1항에 따른 부가금을 수납하여 기금관리기관에 내야 한다.

④제3항에 따른 부가금의 징수 대상이 되는 골프장 시설의 운영자가 수납한 부가금을 내는 때에는 부가금 수납부 사본 등 부가금 수납과 관련된 서류를 기금관리기관에 제출하여야 한다.

⑤부가금의 징수 방법, 납부 시기 및 부가금 수납 관련 서류 등에 필요한 사항은 대통령령으로 정한다.

제4장 체육진흥투표권의 발행

제24조(체육진흥투표권의 발행사업 등) ①서울올림픽기념국민체육진흥공단은 국민의 여가 체육 육성 및 체육 진흥 등에 필요한 재원 조성을 위하여 체육진흥투표권 발행 사업을 할 수 있다.

②체육진흥투표권의 종류, 투표 방법, 단위 투표 금액, 대상 운동경기, 그 밖에 필요한 사항은 대통령령으로 정한다.

③제1항에 따른 체육진흥투표권의 발행 사업에 대하여는 「사행행위 등 규제 및 처벌특례법」을 적용하지 아니한다.

제25조(체육진흥투표권 발행 사업의 위탁 등) ①서울올림픽기념국민체육진흥공단은 체육진흥투표권 발행 사업을 효율적으로 수행하기 위하여 대통령령으로 정하는 바에 따라 문화체육관광부장관의 승인을 받아 단체나 개인에게 체육진흥투표권 발행 사업을 위탁하여 운영하도록 한다.〈개정 2008. 2 . 29.〉

②제1항에 따라 체육진흥투표권 발행 사업의 위탁 승인 대상이 되는 단체 또는 개인(이하 "수탁사업자"라 한다)은 다음 각 호의 모든 요건을 갖추어야 한다.

1. 체육진흥투표권 발행 사업 수행에 필요한 경제적·기술적 능력이 있을 것
2. 국내외에서 거짓이나 그 밖의 부정한 체육진흥투표권 발행 사업, 그 밖에 비슷한 사업 수행으로 처벌받은 사실이 없을 것
3. 그 밖에 대통령령으로 정하는 사항

제26조(유사 행위의 금지) 서울올림픽기념국민체육진흥공단과 수탁사업자 외에는 체육진흥투표권 발행이나 이와 비슷한 행위를 할 수 없다.

제27조(환급금) ①수탁사업자는 체육진흥투표권을 구매하고 운동경기 결과를 적중시킨 자에 대하여 대통령령으로 정하는 바에 따라 그 체육진흥투표권 발매 금액 중 100분의 50 이상을 환급금으로 내주어야 한다.

②제1항에 따른 환급금의 채권은 그 지급 개시일부터 1년간 행사하지

아니하면 소멸시효가 완성되며, 소멸시효가 완성된 환급금은 기금에 귀속된다.

第28조(위탁 운영비) 수탁사업자는 체육진흥투표권의 발매 금액에 대하여 문화체육관광부장관이 정하는 비율의 금액을 체육진흥투표권 발행 사업 시행에 따른 운영 경비 및 수탁 수수료 등을 포함하는 위탁운영비로 취득할 수 있다. 이 경우 취득 금액은 발매 금액의 100분의 25를 초과할 수 없다. 〈개정 2008. 2. 29.〉

第29조(수익금의 사용) ①수탁사업자는 매 사업연도 체육진흥투표권 발행 사업의 총매출액 중 제27조에 따른 환급금과 제28조에 따른 위탁운영비를 제외한 금액에 대하여는 문화체육관광부령으로 정하는 바에 따라 서울올림픽기념국민체육진흥공단으로 넘겨준다. 〈개정 2008. 2. 29.〉

②서울올림픽기념국민체육진흥공단은 제1항에 따라 수탁사업자로부터 넘겨받은 금액에 대하여 문화체육관광부장관의 승인을 받아 다음 각 호의 목적으로 사용하도록 한다. 〈개정 2008. 2. 29, 2009. 3. 18, 2010. 1. 27.〉

1. 대통령령으로 정하는 지방자치단체의 공공체육시설의 개수·보수를 위한 지원. 다만, 개수·보수에 사용되는 총 재원 중 수익금의 지원 비율은 대통령령으로 정한다.
2. 기금에 대한 출연
3. 체육진흥투표권 발행 대상 운동경기를 주최하는 단체의 지원. 다만, 지원대상사업은 문화체육관광부령으로 정한다.
4. 다음 각 목에 해당하는 문화·체육 사업의 지원
   가. 체육·문화예술 분야의 인재 육성 및 전문인력 양성과 이에 따른 시설 및 장비의 지원
   나. 비인기 운동종목 지원 및 문화예술 취약 분야 육성 사업
   다. 학교운동부 지원·육성 등 학교 체육의 활성화를 위한 사업
   라. 그 밖에 체육·문화예술 진흥을 위하여 특별히 지원이 필요한 사업

③제2항에 따른 수익금의 배분 비율과 배분 시기 및 방법 등에 필요한 사항은 대통령령으로 정한다.

④ 서울올림픽기념국민체육진흥공단은 제2항에 따른 수익금의 사용내역을 다음 연도 5월 31일까지 국회 소관 상임위원회에 제출하여야 한다.〈신설 2010. 1. 27.〉

[법률 제9976호(2010. 1. 27) 부칙 제2항의 규정에 의하여 이 조 제2항 제1호는 2014년 12월 31일까지 유효함.]

제30조(체육진흥투표권의 구매 제한 등) ①수탁사업자는 미성년자에게 체육진흥투표권을 판매하거나 환급금을 내주어서는 안 된다.

②다음 각 호의 어느 하나에 해당하는 자는 체육진흥 투표권을 구매·알선하거나 양도받아서는 아니 된다.

1. 체육진흥투표권 발행사업자와 수탁사업자
2. 체육진흥투표권 발행 사업에 대하여 감독하는 지위에 있는 자
3. 체육진흥투표권 발행 대상 운동경기의 선수·감독·코치·심판 및 경기단체의 임직원
4. 체육진흥투표권 발행 대상 운동경기를 주최하는 단체의 임직원
5. 그 밖에 체육진흥투표권 발행 사업에 종사하는 자

③제2항 제2호 및 제5호에 해당하는 자의 범위는 대통령령으로 정한다.

제31조(사업 계획의 승인과 감독 등) ①서울올림픽기념국민체육진흥공단은 다음 연도 체육진흥투표권 발행 사업의 운영 계획과 수입 지출 예산서를 수탁사업자로부터 제출받아 매 연도 말까지 문화체육관광부장관의 승인을 받아야 한다. 이를 변경하려는 때에도 또한 같다.〈개정 2008. 2. 29.〉

②수탁사업자는 매 사업연도가 끝난 후 2개월 이내에 사업 실적과 결산 보고서를 서울올림픽기념국민체육진흥공단을 거쳐 문화체육관광부장관에게 제출하여야 한다.〈개정 2008. 2. 29.〉

③문화체육관광부장관은 이 법을 시행하기 위하여 필요하다고 인정하면 수탁사업자에게 감독상 필요한 명령이나 처분을 할 수 있다.〈개정 2008. 2. 29.〉

제32조(체육진흥투표권 발매의 무효 등) ①체육진흥투표권을 발매한 후 그 투표 대상 운동경기의 개최 기간 중에 일정 수의 운동경기가 개최되지 아니하거나 개최되더라도 그 결과를 확정할 수 없는 경우에는 대통령령으로 정하는 바에 따라 그 체육진흥투표권 발매를 무효로 하거나 그 운동경기의 결과에 대한 적중 특례를 둘 수 있다.

②제1항에 따라 발매가 무효로 된 체육진흥투표권을 가진 자는 수탁사업자에게 구매 금액의 반환을 청구할 수 있다.

③제2항에 따른 구매 금액의 반환청구권은 발매가 무효로 된 날의 다음날부터 1년간 행사하지 아니하면 시효로 소멸하며, 그 구매 금액은 기금에 귀속된다.

제5장 체육단체의 육성

제33조(대한체육회) ①체육 진흥에 관한 다음 각 호의 사업과 활동을 하게 하기 위하여 문화체육관광부장관의 인가를 받아 대한체육회(이하 "체육회"라 한다)를 설립한다.〈개정 2008. 2. 29, 2009. 3. 18.〉

1. 경기단체의 사업과 활동에 대한 지도와 지원
2. 체육경기대회의 개최와 국제 교류
3. 선수 양성과 경기력 향상 등 전문체육 진흥을 위한 사업
4. 체육인의 복지 향상
5. 국가대표 은퇴선수 지원 사업
6. 그 밖에 체육 진흥을 위하여 필요한 사업

②체육회는 제1항에 따른 목적 달성에 필요한 경비를 마련하기 위하여 대통령령으로 정하는 바에 따라 수익사업을 할 수 있다.

③체육회는 법인으로 한다.

④체육회는 정관으로 정하는 바에 따라 지부·지회 또는 해외 지회를 둘 수 있다.

⑤체육회의 회원과 회비 징수에 필요한 사항은 정관으로 정한다.

⑥체육회의 임원 중 회장은 정관으로 정하는 바에 따라 선출하되, 문

화체육관광부장관의 승인을 받아 취임한다.〈개정 2008. 2. 29.〉

⑦체육회에 관하여 이 법에서 규정한 것 외에는 「민법」 중 사단법인에 관한 규정을 준용한다.

제34조(대한장애인체육회) ①장애인 체육 진흥에 관한 다음 각 호의 사업과 활동을 하게 하기 위하여 문화체육관광부장관의 인가를 받아 대한장애인체육회(이하 "장애인체육회"라 한다)를 설립한다.〈개정 2008. 2. 29.〉

1. 장애인 경기단체의 사업과 활동에 대한 지도와 지원
2. 장애인 체육경기대회 개최와 국제 교류
3. 장애인 선수 양성과 경기력 향상 등 장애인 전문 체육 진흥을 위한 사업
4. 장애인 생활체육의 육성과 보급
5. 장애인 선수, 장애인 체육지도자와 장애인 체육계 유공자의 복지 향상
6. 그 밖에 장애인 체육 진흥을 위하여 필요한 사업

②장애인체육회는 제1항에 따른 목적 달성에 필요한 경비를 마련하기 위하여 대통령령으로 정하는 바에 따라 수익사업을 할 수 있다.

③장애인체육회는 법인으로 한다.

④장애인체육회는 정관으로 정하는 바에 따라 지부·지회 또는 해외지회를 둘 수 있다.

⑤장애인체육회의 회원과 회비 징수에 필요한 사항은 정관으로 정한다.

⑥장애인체육회는 임원으로서 회장·부회장·이사 및 감사를 둔다.

⑦제6항에 따른 임원의 정원, 임기 및 선출 방법 등은 정관으로 정하되, 회장은 문화체육관광부장관의 승인을 받아 취임한다.〈개정 2008. 2. 29.〉

⑧장애인체육회에 관하여 이 법에서 규정한 것 외에는 「민법」 중 사단법인에 관한 규정을 준용한다.

제35조(한국도핑방지위원회의 설립) ①도핑과 관련된 다음 각 호의 사업과 활동을 하게 하기 위하여 문화체육관광부장관의 인가를 받아 한국도

핑방지위원회(이하 "도핑방지위원회"라 한다)를 설립한다.〈개정 2008. 2. 29.〉

1. 도핑 방지를 위한 교육, 홍보, 정보 수집 및 연구
2. 도핑 검사 계획의 수립과 집행
3. 도핑 검사 결과의 관리와 그 결과에 따른 제재
4. 도핑 방지를 위한 국내외 교류와 협력
5. 치료 목적으로 제2조 제10호의 약물이나 방법을 예외적으로 사용하는 것에 대한 허용 기준의 수립과 그 시행
6. 그 밖에 도핑 방지를 위하여 필요한 사업과 활동

②도핑방지위원회는 법인으로 한다.

③도핑방지위원회는 위원장 1명과 부위원장 1명을 포함한 11명 이내의 위원으로 구성하고, 위원의 임기와 선출 방법 등은 정관으로 정한다.

④도핑방지위원회는 제1항에 따른 사업과 활동에 필요한 경비를 마련하기 위하여 대통령령으로 정하는 바에 따라 수익사업을 할 수 있다.

⑤도핑방지위원회에 관하여 이 법에 정한 것 외에는 「민법」 중 재단법인에 관한 규정을 준용한다.

⑥도핑방지위원회는 그 업무를 수행하기 위하여 필요하면 관계 행정기관의 소속 공무원이나 관계 기관·단체 등의 임직원의 파견을 요청할 수 있다.

第36条(서울올림픽기념국민체육진흥공단) ①제24회 서울올림픽대회를 기념하고 국민체육 진흥을 위한 다음의 사업을 하게 하기 위하여 문화체육관광부장관의 인가를 받아 서울올림픽기념국민체육진흥공단(이하 "진흥공단"이라 한다)을 설립한다.〈개정 2008. 2. 29.〉

1. 제24회 서울올림픽대회 기념사업
2. 기금의 조성, 운용 및 관리와 이에 딸린 사업
3. 체육시설의 설치·관리 및 이에 따른 부동산의 취득·임대 등 운영사업
4. 체육과학의 연구
5. 그 밖에 문화체육관광부장관이 인정하는 사업

②진흥공단은 법인으로 한다.

③진흥공단에 관하여 이 법에서 규정한 것 외에는 「민법」 중 재단법인에 관한 규정을 준용한다.

④진흥공단은 제1항 제3호에 따른 체육시설 중 제24회 서울올림픽대회를 위하여 설치된 체육시설의 유지·관리에 드는 경비를 충당하기 위하여 그 체육시설에 입장하는 자로부터 입장료를 받을 수 있다.

⑤제4항의 입장료를 받으려면 문화체육관광부장관의 승인을 받아야 한다. 승인받은 사항을 변경하려는 때에도 또한 같다.〈개정 2008. 2. 29.〉

제37조(임원) ①진흥공단에는 이사장 1명 및 상임 이사 1명을 포함한 15명 이내의 이사와 감사 2명을 둔다.

②이사장은 문화체육관광부장관의 제청에 의하여 대통령이 임면(任免)하고, 이사는 이사장의 제청에 의하여 문화체육관광부장관이 임면하며, 감사는 문화체육관광부장관이 임면한다.〈개정 2008. 2. 29.〉

③이사장·상임이사·이사 및 감사의 임기는 3년으로 한다.

④이사장은 진흥공단을 대표하고, 진흥공단의 업무를 총괄한다.

⑤이사장이 부득이한 사유로 직무를 수행할 수 없을 때에는 정관이 정하는 순서에 따라 상임이사가 그 직무를 대행한다.

⑥감사는 진흥공단의 업무 및 회계를 감사한다.

제38조(임원의 결격 사유) 다음 각 호의 어느 하나에 해당하는 자는 진흥공단의 임원이 될 수 없다.

1. 금치산자나 한정치산자
2. 파산 선고를 받은 자로서 복권되지 아니한 자
3. 금고 이상의 형을 선고받고 그 집행이 끝나거나 집행을 받지 아니하기로 확정된 날부터 3년이 지나지 아니한 자
4. 법률이나 법원의 판결에 따라 자격이 상실되거나 정지된 자

제39조(회계 감독 등) ①진흥공단은 대통령령으로 정하는 바에 따라 매 회계연도의 사업 계획과 예산에 대하여 문화체육관광부장관의 승인을 받아야 한다.〈개정 2008. 2. 29.〉

②진흥공단은 매 회계연도가 끝난 후 2개월 이내에 사업 실적과 결산 보고서를 문화체육관광부장관에게 제출하여야 한다.〈개정 2008. 2. 29.〉

③문화체육관광부장관은 진흥공단에 대하여 사업이나 재산 상태를 검사하거나 감독상 필요한 명령을 할 수 있다.〈개정 2008. 2. 29.〉

第40조(자금 차입 등) 체육회, 장애인체육회, 도핑방지위원회 또는 진흥공단은 사업 목적을 달성하기 위하여 필요하면 문화체육관광부장관의 승인을 받아 자금을 차입(국제기관, 외국 정부 또는 외국인 등으로부터 차입하는 경우를 포함한다)하거나 물자를 도입할 수 있다.〈개정 2008. 2. 29.〉

第41조(조세 감면 등) ①정부는 체육회와 진흥공단에 대하여 「조세특례제한법」으로 정하는 바에 따라 조세를 감면한다.

②체육회에 기부되거나 진흥공단에 출연 또는 기부된 재산에 대하여는 「조세특례제한법」으로 정하는 바에 따라 소득 계산의 특례를 적용한다.

③체육회, 장애인체육회, 도핑방지위원회 또는 진흥공단이 그 운영과 활동을 위하여 동산이나 부동산의 취득 등을 하는 경우에 관계 법령에 따라 매입하여야 할 각종 채권 등의 매입 의무는 국가 기관의 예에 준하여 면제한다.

第42조(유사 명칭의 사용 금지) 체육회, 장애인체육회, 도핑방지위원회나 진흥공단이 아닌 자는 대한체육회, 대한장애인체육회, 한국도핑방지위원회나 서울올림픽기념국민체육진흥공단 또는 이와 비슷한 명칭을 사용하지 못한다.

第43조(감독) 체육회, 장애인체육회, 도핑방지위원회 및 진흥공단은 문화체육관광부장관이 감독한다.〈개정 2008. 2. 29.〉

제6장 보칙

第44조(보고·검사 등) ①문화체육관광부장관이나 지방자치단체의 장은 이 법의 시행을 위하여 필요하면 이 법의 적용을 받는 체육회, 장애인체육회, 진흥공단, 수탁사업자, 그 밖에 체육단체나 직장에 대하여 그 업무에 관한 보고를 명하거나 소속 공무원에게 그 사업소·사업장 등에 출입하여 장부·서류, 그 밖의 물건을 검사하게 할 수 있다. 〈개정 2008. 2. 29.〉

②제1항에 따라 검사를 하는 공무원은 그 권한을 표시하는 증표를 지니고 이를 관계인에게 내보여야 한다.

제45조(청문) 문화체육관광부장관은 제17조 제7항에 따라 우수 업체 지정을 취소하려는 경우에는 청문을 실시하여야 한다.〈개정 2008. 2. 29, 2009. 3. 18.〉

제46조(권한의 위임·위탁) 문화체육관광부장관은 대통령령으로 정하는 바에 따라 이 법에 따른 권한의 일부를 특별시장·광역시장 또는 도지사나 특별시·광역시 또는 도의 교육감에게 위임하거나 관계 행정기관이나 단체에 위탁할 수 있다.〈개정 2008. 2. 29.〉

제47조(벌칙) 속임수나 위력(威力)을 사용하여 체육진흥투표권 발행 대상 운동경기의 공정성을 해치거나 공정한 시행을 방해한 자는 5년 이하의 징역이나 2천500만 원 이하의 벌금에 처한다.

제48조(벌칙) ①체육진흥투표권 발행 대상 운동경기의 선수·감독·코치 및 경기단체 임직원이 그 업무에 관하여 부정한 청탁을 받고 재물 또는 재산상의 이익을 접수·요구 또는 약속한 경우에는 5년 이하의 징역이나 1천500만 원 이하의 벌금에 처한다.

②제1항에 규정된 자가 제1항의 죄를 범하여 부정한 행위를 한 때에는 7년 이하의 징역이나 2천만 원 이하의 벌금에 처한다.

제49조(벌칙) 제48조 제1항에 규정된 자가 그 업무에 대하여 부정한 청탁을 받고 제3자에게 재물이나 재산상의 이익을 제공하게 하거나 제공할 것을 요구 또는 약속한 때에는 5년 이하의 징역이나 1천500만 원 이하의 벌금에 처한다.

제50조(벌칙) 제48조나 제49조에 따른 재물이나 재산상의 이익을 약속·제공 또는 제공할 의사를 표시한 자는 2년 이하의 징역이나 1천만 원

이하의 벌금에 처한다.

제51조(몰수·추징) 제48조부터 제50조까지의 규정에 따른 재물은 몰수한다. 다만, 재물을 몰수하기 불가능하거나 재산상의 이익을 취득한 경우에는 그 가액(價額)을 추징한다.

제52조(자격정지의 병과) 제48조부터 제50조까지의 규정에 따른 죄에는 10년 이하의 자격정지를 병과(倂科)할 수 있다.

제53조(벌칙) 제26조를 위반한 자는 3년 이하의 징역이나 1천500만 원 이하의 벌금에 처한다.

제54조(벌칙) 제30조 제1항 또는 제2항을 위반한 자는 1년 이하의 징역이나 500만 원 이하의 벌금에 처한다.

제55조(과태료) ①정당한 사유 없이 제23조 제4항을 위반하여 부가금 납부 관련 서류를 기금관리기관에 제출하지 아니하거나 거짓으로 제출한 자에게는 500만원 이하의 과태료를 부과한다.

②제10조 제3항, 제21조 제1항, 제29조 제1항, 제31조 제1항 또는 제2항을 위반한 자에게는 200만 원 이하의 과태료를 부과한다.

③다음 각 호의 어느 하나에 해당하는 자에게는 100만 원 이하의 과태료를 부과한다.

1. 제42조를 위반한 자
2. 제44조 제1항에 따른 보고를 하지 아니하거나 거짓으로 보고한 자
3. 제44조 제1항에 따른 검사를 거부·방해 또는 기피한 자

④제1항부터 제3항까지의 규정에 따른 과태료는 대통령령으로 정하는 바에 따라 문화체육관광부장관이나 지방자치단체의 장이 부과·징수한다.〈개정 2008. 2. 29.〉

⑤제4항에 따른 과태료 처분에 불복하는 자는 그 처분을 고지받은 날부터 30일 이내에 문화체육관광부장관이나 지방자치단체의 장에게 이의를 제기할 수 있다.〈개정 2008. 2. 29.〉

⑥제4항에 따른 과태료 처분을 받은 자가 제5항에 따라 이의를 제기하면 문화체육관광부장관이나 지방자치단체의 장은 지체 없이 관할 법원에 그 사실을 통보하여야 하며, 그 통보를 받은 관할 법원은 「비

송사건절차법」에 따른 과태료의 재판을 한다.〈개정 2008. 2. 29.〉
⑦제5항에 따른 기간에 이의를 제기하지 아니하고 과태료를 내지 아니하면 국세 또는 지방세 체납처분의 예에 따라 징수한다.

부칙 〈제8344호, 2007. 4. 11.〉

제1조 (시행일) 이 법은 공포한 날부터 시행한다. 다만, 제2조 제10호, 제11조 제2항, 제12조, 제15조, 제18조 제2항, 제22조 제1항 제10호, 제35조, 제40조, 제41조 제3항, 제42조, 제43조, 제44조 제1항의 개정 규정은 2007년 4월 27일부터 시행한다.

부칙 〈제8852호, 2008. 2. 29.〉 (정부조직법)

제1조 (시행일) 이 법은 공포한 날부터 시행한다. 다만, …〈생략〉…, 부칙 제6조에 따라 개정되는 법률 중 이 법의 시행 전에 공포되었으나 시행일이 도래하지 아니한 법률을 개정한 부분은 각각 해당 법률의 시행일부터 시행한다.

부칙 〈제9490호, 2009. 3. 18.〉

①(시행일) 이 법은 공포 후 3개월이 경과한 날부터 시행한다.

부칙 〈제9976호, 2010. 1. 27.〉

①(시행일) 이 법은 공포한 날부터 시행한다.

제2절 국민체육진흥법 시행령

1. 주관기관

문화체육관광부 체육정책과 02-3704-9819

국민체육진흥법 시행령

[시행 2010. 5. 5.]

[대통령령 제22151호, 2010. 5. 4, 타법개정]

제1장 총칙

제1조(목적) 이 영은 「국민체육진흥법」에서 위임된 사항과 그 시행에 필요한 사항을 규정함을 목적으로 한다.

제2조(정의) 이 영에서 사용하는 용어의 뜻은 다음과 같다.

1. "국가대표선수"란 대한체육회, 대한장애인체육회는 경기단체가 국제경기대회(친선경기대회는 제외한다)에 국가의 대표로 파견하기 위하여 선발·확정한 사람을 말한다.
2. "우수 선수"란 국내전국대회에서 대회신기록을 수립하거나 입상한 선수(단체경기에서 입상한 경우에는 그 단체경기에 참가한 각 선수를 말한다)나 국제경기대회(친선경기대회는 제외한다)에 파견된 선수로서 문화체육관광부장관이 인정한 선수를 말한다.
3. "경기경력"이란 학교, 직장 등에서 선수로 활동한 경력을 말한다.
4. "경기지도경력"이란 학교, 직장 등에서 선수를 직접지도한 경력을 말한다.
5. "지도경력"이란 학교, 직장이나 체육시설(「체육시설의 설치·이용에 관한 법률」 제5조부터 제7조까지의 규정에 따른 체육시설과 제10조에 따른 체육시설업의 시설을 말한다)에서 선수나 일반인을 직접 지도한 경력을 말한다.

제2장 체육 진흥 시책과 체육 진흥 계획의 수립

제3조(국민체육 진흥 시책) ①「국민체육진흥법」(이하 "법"이라 한다) 제4조 제1항에 따라 문화체육관광부장관이 수립하여 시행하는 국민체육 진흥에 관한 기본 시책(이하 "기본시책"이라 한다)에는 다음 각 호의 사항이 포함되어야 한다.

1. 생활체육의 진흥
2. 선수와 체육지도자의 보호·육성
3. 체육시설의 설치와 유지·보수 및 관리
4. 체육과학의 진흥
5. 여가 체육 활동의 육성·지원
6. 그 밖에 국민체육 진흥에 관한 사항

② 문화체육관광부장관은 기본시책을 수립한 때에는 특별시장·광역시장 또는 도지사(이하 "시·도지사"라 한다)에게 알려야 한다.

③ 문화체육관광부장관은 기본시책에 따라 연도별 국민체육 진흥 시행계획을 수립하여 시행하여야 한다.

제4조(지방체육 진흥 계획) ① 시·도지사는 기본시책에 따라 해당 특별시·광역시 또는 도의 체육 진흥 계획을 수립하여야 하며, 이를 시장·군수·구청장(자치구의 구청장을 말한다. 이하 같다)에게 알려야 한다.

② 시장·군수·구청장은 제1항에 따른 체육 진흥 계획에 따라 해당 시·군·구(자치구를 말한다)의 체육 진흥 계획을 수립하여 시행하여야 한다.

③ 지방자치단체의 장은 제1항과 제2항에 따른 체육 진흥 계획과 그 추진 실적을 문화체육관광부령으로 정하는 바에 따라 문화체육관광부장관(시장·군수·구청장의 경우에는 시·도지사)에게 보고하여야 한다.

제3장 학교 체육과 생활체육의 진흥

제5조(체육의 날과 체육 주간) ① 법 제7조 제1항에 따라 매년 10월 15일

을 "체육의 날"로 하고, 매년 4월의 마지막 주간을 "체육 주간"으로 한다.

② 제1항에 따른 체육의 날과 체육 주간이 속하는 달에는 학교에서는 운동회 또는 체육대회와 그 밖의 체육행사를 하고, 직장에서는 그 실정에 맞는 체육행사를 할 수 있다.

③ 지방자치단체는 제1항에 따른 체육 주간에는 그 실정에 따라 다음 각 호의 행사를 할 수 있다.

1. 운동경기와 생활체육행사
2. 씨름과 그네 등 민속체육행사
3. 레크리에이션 활동
4. 체육에 관한 전시회와 강연회 등
5. 그 밖에 국민체육 진흥에 관한 행사

④ 국가는 제3항에 따른 체육행사를 지원할 수 있다.

제6조(학교 체육의 진흥을 위한 조치) 법 제9조에 따라 학생의 체력 증진과 체육 활동의 육성을 위하여 학교가 취하여야 할 조치는 다음 각 호와 같다.

1. 운동회나 체육대회의 실시
2. 학생에 대한 한 종목 이상의 운동 권장과 지도
3. 체육동호인조직의 결성 등 학생의 자발적 체육 활동의 육성·지원
4. 운동경기부와 선수의 육성·지원
5. 그 밖에 학교 체육의 진흥을 위하여 필요한 사항

제7조(직장 체육의 진흥을 위한 조치) ① 법 제10조 제2항 및 제3항에 따라 체육동호인조직과 체육진흥관리위원회를 설치하고 생활체육지도자를 두어야 하는 직장은 상시 근무하는 직장인이 1천명 이상인 국가기관과 공공단체로 한다.

② 법 제10조 제4항에 따라 한 종목 이상의 운동경기부를 설치·운영하고 경기 지도자를 두어야 하는 공공기관 및 직장은 상시 근무하는 직장인이 1천명 이상인 공공기관(「공공기관의 운영에 관한 법률」에 따른 공공기관을 말한다. 이하 같다)과 공공단체로 한다.

③ 제1항이나 제2항에 해당하는 공공기관 및 직장이 지역을 달리하

여 사무실이나 사업장을 가지고 있는 경우에는 생활체육지도자·운동경기부 및 경기지도자를 1개의 사무실이나 사업장에만 배치하거나 설치할 수 있다.

④ 시장·군수·구청장은 제1항부터 제3항까지에 해당하는 공공기관 및 직장이 다음 각 호의 어느 하나에 해당하는 경우에는 생활체육지도자의 배치, 운동경기부의 설치 및 경기지도자의 배치를 면제할 수 있다.

1. 「공익법인의 설립·운영에 관한 법률」에 따른 공익법인으로서 자체수입보다 지원금, 찬조금 및 기부금 등 외부지원에 의존하여 운영되는 법인
2. 제2항에 따른 공공기관과 공공단체 중 관계 중앙행정기관의 장이 문화체육관광부장관과 협의하여 인정하는 기관
3. 그 밖에 경영 악화로 인한 인원 감축 등 직장 여건상 부득이한 사정이 있다고 시장·군수·구청장이 인정하는 공공기관 및 직장

⑤ 제1항과 제2항에 따른 공공기관 및 직장의 장은 운동경기부와 체육동호인조직의 활동을 위한 시설을 제공하고 필요한 경비를 지원하여야 하며, 연 1회 이상 직장체육대회와 직장대항 경기대회를 개최하여야 한다.

⑥ 제1항과 제2항에 따라 체육동호인조직과 운동경기부를 설치·운영하고 생활체육지도자와 경기지도자를 둔 공공기관 및 직장의 장은 1개월 이내에 시장·군수·구청장에게 그 내용을 보고하여야 한다. 운동경기부와 체육동호인조직이 폐지·변경되었을 때에도 또한 같다.

제4장 선수와 체육지도자의 보호·육성

제8조(체육지도자의 양성과 자질향상) ① 문화체육관광부장관은 법 제11조 제1항에 따라 국민체육 진흥을 위한 체육지도자의 양성과 자질 향상을 위하여 다음 각 호의 시책을 마련하여야 한다.

1. 국내외 교육기관이나 단체에의 위탁교육

2. 체육지도자의 해외 파견과 국외 체육지도자의 국내 초빙강습
3. 국외 체육계의 조사와 연구
4. 체육지도자의 양성을 위한 연수
5. 체육지도자에 대한 기술과 정보의 지원
6. 그 밖에 체육지도자의 양성과 자질 향상을 위하여 필요한 시책

② 문화체육관광부장관이나 시·도지사는 체육지도자의 양성과 자질 향상을 위하여 필요한 경우에는 다음 각 호의 구분에 따라 대학이나 체육단체를 지정하여 체육지도자의 양성과 자질 향상을 위한 연수원을 설치하여 운영하게 할 수 있다.

1. 1급 경기지도자와 1급 생활체육지도자의 양성을 위한 연수원 : 문화체육관광부장관이 지정
2. 2급 경기지도자와 2급·3급 생활체육지도자의 양성을 위한 연수원 : 문화체육관광부장관 또는 해당 대학 또는 체육단체의 소재지를 관할하는 시·도지사가 지정

③ 제2항에 따라 연수원을 설치하여 운영하는 기관의 장은 문화체육관광부장관이나 시·도지사의 승인을 받아 연수와 교육에 필요한 비용의 일부를 연수나 교육을 받으려는 사람이 부담하게 할 수 있다.

④ 시·도지사는 제2항 제2호에 따라 연수원을 지정하거나 제3항에 따라 승인을 한 경우에는 그 내용을 지정하거나 승인한 날부터 7일 이내에 문화체육관광부장관에게 보고하여야 한다.

⑤ 체육지도자의 자격은 18세 이상인 사람에게 부여한다.

⑥ 체육지도자의 연수와 교육에 필요한 사항은 문화체육관광부령으로 정한다.

제9조(경기지도자) ① 경기지도자는 1급 경기지도자와 2급 경기지도자로 구분한다.

② 1급 경기지도자는 다음 각 호의 어느 하나에 해당하는 사람으로서 문화체육관광부령으로 정하는 연수 과정을 수료하고 검정에 합격한 사람으로 한다.

1. 2급 경기지도자 자격을 가진 사람으로서 1년 이상의 경기지도경력

이 있는 사람

2. 체육 분야에 관한 석사 이상의 학위를 취득한 사람으로서 경기경력이 있거나 1년 이상의 지도경력이 있는 사람
3. 제1호와 제2호에 규정된 사람과 같은 수준 이상의 자격이 있다고 문화체육관광부장관이 인정하는 사람

③ 2급 경기지도자는 다음 각 호의 어느 하나에 해당하는 사람으로서 문화체육관광부령으로 정하는 연수 과정을 수료하고 검정에 합격한 자로 한다.

1. 대학(「고등교육법」 제2조 각 호의 학교 중 같은 법에 따라 학사학위를 수여하는 학교를 말한다. 이하 같다) 졸업자이거나 이와 같은 수준 이상의 학력이 있는 사람으로서 4년 이상의 경기경력이 있는 사람
2. 체육 분야에 관한 학사학위를 취득한 사람
3. 전문대학 졸업자이거나 이와 같은 수준 이상의 학력이 있는 사람으로서 5년 이상의 경기경력이 있는 사람
4. 고등학교 졸업자이거나 이와 같은 수준 이상의 학력이 있는 사람으로서 6년 이상의 경기경력이 있는 사람
5. 고등학교 이상의 학교 졸업자이거나 이와 같은 수준 이상의 학력이 있는 사람으로서 국가대표선수 경력이 있는 사람
6. 제1호부터 제5호까지에 규정된 사람과 같은 수준 이상의 자격이 있다고 문화체육관광부장관이 인정하는 사람

④ 문화체육관광부장관은 제3항에도 불구하고 다음 각 호의 어느 하나에 해당하는 사람에게는 문화체육관광부령으로 정하는 바에 따라 2급 경기지도자의 자격 부여를 위한 연수와 검정의 일부나 전부를 면제할 수 있다.

1. 문화체육관광부령으로 정하는 체육 관련 과목을 이수한 대학졸업자로서 교과 성적이 문화체육관광부령으로 정하는 기준 이상인 사람
2. 학교 체육 교사로서 문화체육관광부령으로 정하는 기준을 갖춘 사람
3. 제1호와 제2호에 규정된 사람과 같은 수준 이상의 자격이 있다고

문화체육관광부장관이 인정하는 사람

제10조(생활체육지도자) ① 생활체육지도자는 1급·2급 및 3급 생활체육지도자로 구분하되, 1급 생활체육지도자는 의료인에 의한 의학적 검진 결과 의료인의 치료가 필요하지 아니하다고 인정되는 사람을 대상으로 그 개인의 체력적 특성에 적합한 운동종목, 강도, 빈도 및 시간 등의 운동수행 방법을 구체적으로 작성하여 제시하는 업무를 수행하고, 2급과 3급 생활체육지도자는 문화체육관광부령으로 정하는 종목의 운동을 지도하는 업무를 수행한다.

② 1급 생활체육지도자는 다음 각 호의 어느 하나에 해당하는 사람으로서 문화체육관광부령으로 정하는 연수 과정을 수료하고 검정에 합격한 사람으로 한다.

1. 2급 생활체육지도자 자격을 가진 사람으로서 선수 경력 또는 체육에 관한 행정·연구·지도 분야의 경력이 3년 이상인 사람
2. 체육 분야에 관한 박사나 석사 학위를 취득한 사람
3. 제1호와 제2호에 규정된 사람과 같은 수준 이상의 자격이 있다고 문화체육관광부장관이 인정하는 사람

③ 문화체육관광부장관은 제2항에도 불구하고 다음 각 호의 어느 하나에 해당하는 사람에 대해서는 문화체육관광부령으로 정하는 바에 따라 1급 생활체육지도자의 자격 부여를 위한 연수와 검정의 일부나 전부를 면제할 수 있다.

1. 운동처방 분야에 관한 박사나 석사 학위를 취득한 사람
2. 제1호에 규정된 사람과 같은 수준 이상의 자격이 있다고 문화체육관광부장관이 인정하는 사람

④ 2급 생활체육지도자는 다음 각 호의 어느 하나에 해당하는 사람으로서 문화체육관광부령으로 정하는 연수 과정을 수료하고 검정에 합격한 사람으로 한다.

1. 3급 생활체육지도자 자격을 가진 사람으로서 선수 경력 또는 체육에 관한 행정·연구·지도 분야의 경력이 3년 이상인 사람
2. 체육 분야에 관한 학사학위를 취득한 사람

3. 대학이나 전문대학 체육 관련 학과를 졸업하고 선수 경력 또는 체육에 관한 행정·연구·지도 분야의 경력이 2년 이상인 사람
4. 제1호부터 제3호까지에 규정된 사람과 같은 수준 이상의 자격이 있다고 문화체육관광부장관이 인정하는 사람

⑤ 3급 생활체육지도자는 문화체육관광부령으로 정하는 연수 과정을 수료하고 검정에 합격한 사람으로 한다.

⑥ 문화체육관광부장관은 제4항과 제5항에도 불구하고 다음 각 호의 어느 하나에 해당하는 사람에 대해서는 문화체육관광부령으로 정하는 바에 따라 2급 생활체육지도자나 3급 생활체육지도자의 자격 부여를 위한 연수와 검정의 일부나 전부를 면제할 수 있다.

1. 문화체육관광부령으로 정하는 체육 관련 과목을 이수한 대학 또는 전문대학 졸업자로서 교과 성적이 문화체육관광부령으로 정하는 기준 이상인 사람
2. 2급 경기지도자나 학교 체육 교사로서 문화체육관광부장관이 정하는 연수 과정을 수료한 사람
3. 체육에 관한 행정·연구·지도 분야 종사자로서 문화체육관광부장관이 정하는 연수 과정을 수료한 사람
4. 제1호부터 제3호까지에 규정된 사람과 같은 수준 이상의 자격이 있다고 문화체육관광부장관이 인정하는 사람

제11조(체육지도자의 검정) ① 제9조와 제10조에 따른 경기 지도자와 생활체육지도자의 자격검정은 문화체육관광부장관이 실시한다. 다만, 문화체육관광부장관이 필요하다고 인정할 때에는 대학이나 체육단체를 지정하여 자격검정을 실시하게 할 수 있다.

② 제1항 단서에 따라 자격검정을 실시하는 기관의 장은 문화체육관광부장관의 승인을 받아 자격검정에 필요한 비용의 일부를 검정을 받으려는 자에게 부담하게 할 수 있다.

③ 제1항에 따른 자격검정의 방법, 자격의 부여, 자격증의 발급, 그 밖에 필요한 사항은 문화체육관광부령으로 정한다.

제12조(선수와 체육지도자의 보호·육성) ① 국가와 지방자치단체는 법 제

14조 제1항에 따라 체육장학제도의 마련, 직장의 알선, 장애연금 지급, 상해보험제도의 활용 등 선수와 체육지도자의 보호와 육성을 위한 대책을 마련하여야 한다.

② 직장의 장은 그가 고용하는 선수와 체육지도자가 형의 선고나 징계에 따라 면직하는 경우를 제외하고는 그 신분을 보장하여야 한다.

③ 학교와 직장의 장은 그가 고용하고 있는 체육지도자에 대하여 문화체육관광부장관으로부터 국가대표선수의 지도를 위한 파견 요청이 있는 경우에는 그 요청에 따라야 한다.

제13조(대한민국체육상 등) ① 국가는 법 제14조 제2항에 따라 다음 각 호의 어느 하나에 해당하는 사람에게는 매년 대한민국체육상을 수여한다.

1. 우수 선수로서 국민체육 발전에 뚜렷한 공적이 있는 사람
2. 체육에 관한 연구에 뚜렷한 공적이 있는 사람
3. 체육지도에 뚜렷한 공적이 있는 사람
4. 그 밖에 국민체육 진흥에 뚜렷한 공적이 있는 사람

② 제1항에 따른 대한민국체육상의 수여에 필요한 사항은 문화체육관광부령으로 정한다.

③ 지방자치단체가 법 제14조 제2항에 따라 시행하는 표창제도에 관하여 필요한 사항은 조례로 정한다.

제14조(우수 선수의 고용) 국가·지방자치단체 및 공공기관 외에 법 제14조 제3항에 따라 우수 선수와 그 경기지도자를 고용하여야 하는 단체의 범위는 제7조 제2항에 따라 운동경기부를 설치·운영하여야 하는 공공단체로 한다.

제15조(장려금 또는 생활 보조금의 지급) ① 법 제14조제4항에서 "대통령령으로 정하는 대회"란 세계선수권대회, 유니버시아드대회, 아시아경기대회, 농아인올림픽대회, 그 밖에 문화체육관광부장관이 인정하는 대회를 말한다.

② 법 제14조 제4항에 따라 올림픽대회, 장애인올림픽대회 및 제1항에 따른 대회에서 입상한 선수에게는 경기력 향상 연구 연금을, 그 지도자에게는 경기지도자 연구비 등의 장려금을 지급한다.

③ 법 제14조 제4항에 따라 체육을 통한 국위의 선양, 선수의 지도, 생활체육의 진흥 등에 뚜렷한 공이 있다고 문화체육관광부장관이 인정하는 원로 체육인에게는 생활안정을 지원하기 위한 생활 보조금을 지급한다.

④ 제2항과 제3항에 따른 장려금과 생활 보조금 지급대상자의 선정 및 지급 기준과 지급 방법 등에 관하여 필요한 사항은 문화체육관광부장관이 정한다.

제16조(여가 체육의 육성) 국가와 지방자치단체는 법 제16조 제1항에 따른 여가 체육의 육성과 지원을 위하여 다음 각 호의 시책을 마련하여야 한다.

1. 레크리에이션의 지도와 보급
2. 여가 체육 관련 단체의 육성과 지원
3. 프로경기의 육성과 운영의 지도
4. 경마·경륜 및 경정의 건전한 운영 지도
5. 그 밖에 여가 체육의 육성을 위하여 필요한 시책

제5장 체육 용구의 생산 장려 등

제17조(체육 용구의 생산 장려) ① 법 제17조 제1항에 따라 생산을 장려하여야 하는 체육 용구와 기자재(이하 "체육용구 등"이라 한다)는 다음 각 호의 것 중 문화체육관광부장관이 지식경제부장관과 협의하여 정하는 것으로 한다.

1. 국내외 각종 경기대회 경기종목에 사용되는 체육용구 등
2. 학교 체육에 사용되는 체육용구 등
3. 장애인 체육에 사용되는 체육용구 등
4. 그 밖에 국민체육 진흥을 위하여 필요한 체육용구 등

② 국가와 지방자치단체는 체육용구 등의 생산 장려를 위하여 다음 각 호의 조치를 하여야 한다.

1. 체육용구 등의 생산업체에 대한 융자알선과 자금지원

2. 체육용구 등의 생산업체에 대한 기술지원

제18조(자금의 융자 등) ① 법 제17조 제2항과 제3항에 따른 자금의 융자에 필요한 사항은 문화체육관광부령으로 정한다. 이 경우 융자이율은 미리 기획재정부장관과 협의하여야 한다.

② 법 제17조 제3항 제4호에서 "대통령령으로 정하는 업종"이란 다음 각 호의 어느 하나에 해당하는 것을 말한다.

1. 체육용구 등의 품질향상을 위한 연구·개발 사업
2. 체육용구 등의 생산을 위한 원자재 구입 및 설비투자업
3. 체육시설의 설치 및 개·보수업
4. 체육 관련 용역 생산을 위한 설비투자업
5. 체육 관련 용역의 상품화를 위한 연구·개발 사업

제6장 국민체육진흥기금

제19조(기금의 관리·운용) ① 법 제19조 제1항에 따른 국민체육진흥기금(이하 "기금"이라 한다)은 문화체육관광부장관이 정하는 바에 따라 기금의 재원별로 구분하여 기업회계의 원칙에 따라 회계처리 하여야 한다.

② 법 제36조에 따른 서울올림픽기념국민체육진흥공단(이하 이 장에서 "기금관리기관"이라 한다)은 다음 연도의 기금운용계획안을 수립하여 매년 5월 20일까지 문화체육관광부장관에게 제출하여야 한다.

③ 기금관리기관은 회계연도마다 기금의 결산 보고서를 작성하여 다음 연도 2월 20일까지 문화체육관광부장관에게 제출하여야 한다.

④ 기금관리기관은 다음 각 호의 서류를 분기 말 현재를 기준으로 작성하여 분기 종료 후 15일 이내에 문화체육관광부장관에게 제출하여야 한다.

1. 대차대조표
2. 손익계산서
3. 수입과 지출계산서

4. 기금운용현황보고서

⑤ 기금의 관리·운용에 관하여 이 영에서 규정한 사항 외에 필요한 사항은 문화체육관광부장관이 정한다.

제20조(입장료에 대한 부가금 등) ① 법 제20조 제1항 제3호에서 "입장료"란 명칭과 관계없이 같은 호에 따른 골프장 시설을 이용하여 체육활동을 할 목적으로 이용자가 부담하는 금액을 말한다.

② 제1항에 따른 입장료의 금액은 각종 세금의 포함 여부와 관계 없이 입장권이나 이와 유사한 것에 적힌 액면금액으로 한다.

제21조(그 밖의 수입금) 법 제20조 제1항 제8호에서 "대통령령으로 정하는 수입금"이란 다음 각 호와 같다.

1. 법 제22조 제2항에 따라 기금관리기관이 국유나 공유의 시설·물품, 그 밖의 재산을 무상으로 사용·수익하거나 대부받은 경우 그로 인한 수익금
2. 「경륜·경정법」 제18조 제1항 제1호에 따른 기금에의 출연금
3. 그 밖에 문화체육관광부장관이 인정하는 수입금

제22조(올림픽 휘장 사업) ① 법 제21조 제1항에 따라 올림픽을 상징하는 표지 등의 사용 승인을 받으려면 다음 각 호의 서류(전자문서를 포함한다)를 첨부하여 대한올림픽위원회에 제출하여야 한다.

1. 휘장 사업의 사업계획서
2. 그 밖에 대한올림픽위원회가 필요하다고 인정하는 자료

② 법 제21조 제3항에 따른 사용료는 대한올림픽위원회가 문화체육관광부장관과 협의하여 고시하는 금액으로 한다.

제23조(기금의 사용범위) ① 법 제22조제1항 제11호에 따른 "대통령령으로 정하는 사업"은 다음 각 호와 같다.

1. 생활체육의 보급과 진흥사업
2. 국내외 체육대회와 그 관련 행사
3. 체육 진흥에 관한 홍보사업
4. 국제학술대회 등 외국과의 체육교류사업
5. 체육과학의 진흥사업

6. 체육과학 기자재와 체육 용구의 확보
7. 기금의 관리·운용
8. 경기단체의 운영·지원
9. 학생의 자발적인 체육활동의 육성·지원
10. 국민여가활동을 위한 시설확충과 지원사업
11. 제12조 제1항에 따른 대책에 필요한 경비와 제15조 제2항에 따른 장려금의 지원

② 문화체육관광부장관은 법 제22조 제1항에 따른 사업을 하는 경우 정부출연에 의한 기금의 원본(元本)의 사용이 불가피하다고 인정될 때에는 기획재정부장관과 협의하여 그 일부를 기금관리기관으로 하여금 사용하게 하고 다음 회계연도의 정부 세출예산에 계상·보전할 수 있다.

제24조(부가금 징수의 승인 등) ① 기금관리기관이 법 제23조 제1항에 따라 부가금 징수의 승인을 받으려면 다음 각 호의 사항을 갖추어 문화체육관광부장관에게 신청하여야 한다.

1. 목적
2. 부가금 징수 대상
3. 방법
4. 기간
5. 부가금 징수 예정액
6. 사업계획과 수지예산
7. 징수비용 명세서와 지급 방법
8. 그 밖의 참고사항

② 기금관리기관은 제1항 제1호부터 제7호까지의 사항을 변경하려면 문화체육관광부장관의 승인을 받아야 한다.

③ 부가금 징수액은 징수비용에 충당할 수 없다. 다만, 문화체육관광부장관이 특별한 사유가 있다고 인정하여 승인한 경우에는 부가금 징수액의 100분의 5를 초과하지 아니하는 범위에서 징수비용에 충당할 수 있다.

④ 문화체육관광부장관은 법 제23조 제1항에 따라 부가금 징수의 승인을 받은 기금관리기관이 승인조건을 위반하여 징수하였을 때에는 그 승인을 취소하거나 징수를 중지 또는 제한할 수 있다.

제25조(부가금의 수납 방법 등) ① 법 제23조 제3항에 따라 골프장 시설의 운영자가 부가금을 수납하여 기금관리기관에 낼 때에는 현금으로 수납하여 내야 한다. 다만, 기금관리기관의 장은 정보통신망을 이용하여 전자화폐·전자결제 등의 방법으로 내게 할 수 있다.

② 골프장 시설의 운영자는 매월 말일까지 수납한 부가금을 다음 달 10일까지 기금관리기관에 내야 한다.

③ 법 제23조 제4항에서 "부가금 수납과 관련된 서류"란 골프장 시설 입장료에 대한 부가금수납명세서와 부가금수납부 사본을 말한다.

④ 골프장 시설의 운영자는 제3항에 따른 서류 중 부가금수납명세서(전자문서로 된 명세서를 포함한다)는 매월 말일까지의 수납 명세를 기록하여 다음 달 10일까지 기금관리기관에 제출하고, 부가금수납부 사본은 기금관리기관이 요구하는 경우 그 요구를 받은 날부터 10일 이내에 기금관리기관에 제출하여야 한다.

제7장 체육진흥투표권의 발행

제26조(체육진흥투표권의 종류 등) ① 법 제24조제1항에 따른 체육진흥투표권(이하 "체육진흥투표권"이라 한다)의 종류는 투표 방법에 따라 다음 각 호와 같이 구분한다.

1. 승부식 : 체육진흥투표 대상 운동경기의 결과를 예측하여 승·패나 무승부를 표시하도록 한 투표항목으로 구성된 것
2. 점수식 : 체육진흥투표 대상 운동경기의 결과를 예측하여 득점·실점을 표시하도록 한 투표항목으로 구성된 것
3. 혼합식 : 체육진흥투표 대상 운동경기의 결과를 예측하여 승·패나 무승부를 표시하도록 한 투표항목과 득점·실점을 표시하도록 한 투표항목으로 구성된 것

4. 특별식 : 체육진흥투표 대상 운동경기의 우승자, 등위, 득점 선수 등 경기팀 또는 선수의 성적·기록을 예측하여 표시하도록 한 투표항목으로 구성된 것

② 체육진흥투표권의 종류는 환급방법에 따라 다음 각 호와 같이 구분한다.

1. 고정환급률식 : 체육진흥투표 적중자에게 제33조 제1항 제1호에 따른 환급금을 등위별로 환급하도록 구성된 것
2. 고정배당률식 : 체육진흥투표 적중자에게 투표항목별로 정해진 배당률에 따라 환급금을 환급하도록 구성된 것

③ 체육진흥투표권에 투표한 자에 대한 등위결정은 체육진흥투표 대상 운동경기의 결과와 체육진흥투표권에 투표한 결과가 일치하는 정도에 따라서 정하되, 그 구체적인 방법은 법 제36조에 따른 서울올림픽기념국민체육진흥공단(이하 "진흥공단"이라 한다)이 문화체육관광부장관의 승인을 받아 정한다.

제27조(체육진흥투표권의 발행 심사) 법 제25조 제1항에 따라 체육진흥투표권 발행 사업을 위탁받은 단체나 개인(이하 "수탁사업자"라 한다)이 체육진흥투표권을 발행하려면 미리 발행 대상이 되는 운동경기와 투표 방법 등에 관하여 다음 각 호의 사항을 적은 신청서(전자문서로 된 신청서를 포함한다)를 진흥공단에 제출하여 그 대상과 투표 방법 등의 적정성에 관한 심사를 받아야 한다.

1. 운동경기 종목과 경기에 참가하는 팀의 명칭
2. 운동경기의 개최일시·장소 및 횟수
3. 체육진흥투표권의 종류와 투표 방법
4. 체육진흥투표 적중자의 등위 결정

제28조(체육진흥투표권의 발행) ① 체육진흥투표권의 단위 투표 금액은 1천원 이하로 하고, 발행회차별 1인당 총투표금액은 10만원 이하로 한다.

② 체육진흥투표권은 1개 경기나 일정 기간 동안 개최되는 2개 경기 이상의 운동경기를 대상으로 하여 발행한다.

③ 체육진흥투표권은 연간 1천회를 초과하여 발행할 수 없다.

④ 체육진흥투표권은 해당 체육진흥투표 대상 운동경기의 개최장소와 일정이 확정된 후에 발매하여야 하며, 체육진흥투표 대상 운동경기가 1개 경기인 경우에는 그 대상 운동경기 시작 10분 전에, 체육진흥투표 대상 운동경기가 2개 경기 이상인 경우에는 그 대상 운동경기의 최초의 운동경기 시작 10분 전에 마감하여야 한다.

⑤ 체육진흥투표권에는 체육진흥투표권의 종류, 체육진흥투표 대상 운동경기, 투표 방법과 단위 투표 금액, 그 밖에 문화체육관광부령으로 정하는 사항을 적어야 한다.

第29조(체육진흥투표권 발행 대상 운동경기) 체육진흥투표권 발행 대상이 되는 운동경기의 종목은 축구·농구·야구·배구·골프·씨름과 그 밖에 문화체육관광부장관이 정하는 종목으로 하되, 다음 각 호의 어느 하나에 해당하는 운동경기로 한다.

1. 다음 각 목의 요건을 모두 갖춘 운동경기 주최단체 중 문화체육관광부장관이 지정하는 단체(이하 "주최단체"라 한다)가 개최하는 운동경기
   가. 운동경기를 계획성 있고 안정적으로 개최할 수 있는 능력을 갖고 있을 것
   나. 주최단체에 소속된 경기팀의 선수, 감독, 코치 및 심판에 관한 등록과 등록말소를 할 수 있는 권한을 갖고 있을 것
   다. 개최하는 운동경기에 대한 경기규칙을 정하고 있을 것
2. 주최단체가 선수단을 구성하여 참가하는 국내외 운동경기
3. 제1호 가목 및 다목의 요건을 구비한 외국의 운동경기

第30조(체육진흥투표권 발행 사업의 위탁 승인) ① 법 제25조 제1항에 따라 체육진흥투표권 발행 사업을 위탁받으려는 자는 다음 각 호의 서류를 진흥공단에 제출하여야 한다. 다만, 「전자정부법」 제36조 제1항에 따른 행정정보의 공동 이용을 통하여 제출서류에 대한 정보를 확인할 수 있는 경우에는 그 확인으로 제출서류를 갈음할 수 있다. 〈개정 2010. 5. 4.〉

1. 체육진흥투표권 발행 사업의 수탁운영계획서

2. 신청인(법인의 경우에는 대표자와 임원을 말한다)의 성명·주민등록번호를 적은 서류(외국인의 경우에는 「출입국관리법」 제88조에 따른 외국인등록 사실증명과 법 제25조 제2항 제2호의 요건을 갖추었음을 증명할 수 있는 서류로서 해당 국가의 정부 또는 그 밖의 권한 있는 기관이 발행한 서류나 공증인이 공증한 신청인의 진술서로서 「재외공관공증법」에 따라 해당 국가에 주재하는 영사관이 확인한 서류를 말한다)

3. 정관과 법인등기부 등본(법인인 경우에만 해당하며, 외국법인의 경우에는 이를 갈음할 수 있는 서류를 말한다)

4. 「외국인투자 촉진법」에 따른 외국인투자를 증명할 수 있는 서류(외국인인 경우에만 해당한다)

5. 법 제25조 제2항 제1호와 제3호에 따른 수탁사업자의 요건을 갖추었음을 증명하는 서류

② 진흥공단은 제1항에 따른 서류를 제출받으면 위탁운영승인신청서(전자문서로 된 신청서를 포함한다)에 다음 각 호의 사항을 적은 위탁운영계획서와 제1항 각 호의 서류(법인등기부 등본은 제외한다)를 첨부하여 문화체육관광부장관에게 제출하여야 한다. 이 경우 문화체육관광부장관은 「전자정부법」 제36조 제1항에 따른 행정정보의 공동이용을 통하여 법인등기부 등본을 확인하여야 한다.〈개정 2010. 5. 4.〉

1. 위탁을 받으려는 자의 명칭과 주된 사무소의 소재지

2. 위탁업무, 위탁기간 및 위탁해지 등에 관한 사항

3. 주최단체와의 협조 등에 관한 사항

4. 그 밖에 체육진흥투표권 발행 사업의 위탁운영과 관련된 사항

제31조(수탁사업자의 요건) ① 법 제25조 제2항 제1호에 따른 경제적 능력은 수탁사업의 안정적 운영에 필요한 자본금과 필요자금 조달능력 등을 말한다.

② 법 제25조 제2항 제1호에 따른 기술적 능력은 다음 각 호의 능력을 말한다.

1. 체육진흥투표권 발매시스템(단말기를 포함한다)의 운영, 유지·보수, 보안 및 장애방지 등에 관한 능력
2. 체육진흥투표권 소프트웨어의 개발 및 운영 등에 관한 능력

③ 법 제25조 제2항 제3호에서 "대통령령으로 정하는 사항"이란 다음 각 호에 해당하는 것을 말한다.

1. 영업 활동과 재산 상황 등으로 보아 체육진흥투표권발행 사업을 수행하는 데 필요한 도덕성과 사회적 신용이 있을 것
2. 장기 수지 전망과 예상 수익 등을 포함한 수탁운영계획서가 타당하고 실행 가능성이 있을 것
3. 체육 진흥을 위한 지원계획을 가지고 있을 것

④ 진흥공단은 수탁사업자의 선정 기준, 절차, 방법 등을 미리 공고하여야 한다.

第32조(발행 사업 위탁운영의 범위) 법 제25조에 따라 체육진흥투표권 발행 사업을 위탁하여 운영하는 경우 위탁운영의 범위는 다음 각 호와 같다.

1. 체육진흥투표권의 발매
2. 환급금의 지급
3. 체육진흥투표권 발매시스템(단말기를 포함한다)의 운영, 유지 및 보수(발매시스템의 감독업무 수행에 필요한 사항은 제외한다)
4. 체육진흥투표권 발매 무효 시 반환금의 지급
5. 그 밖에 체육진흥투표 대상 운동경기의 홍보 등 운영 관련 업무

第33조(환급금) ① 법 제27조 제1항에 따른 환급금은 다음 각 호와 같다.

1. 고정환급률식 체육진흥투표권 : 해당 투표 대상 운동경기에 대한 체육진흥투표권 발매금액의 100분의 50. 다만, 투표 적중자가 없는 경우 이월 횟수와 이에 따른 환급금 지급 방법에 관한 사항은 진흥공단이 문화체육관광부장관의 승인을 받아 정한다.
2. 고정배당률식 체육진흥투표권 : 해당 사업연도의 고정배당률식 체육진흥투표권 발매금액 총액의 100분의 50부터 100분의 70까지

② 법 제27조 제1항에 따라 체육진흥투표 적중자에게는 다음 각 호의

계산식에 따라 산출한 환급금을 지급한다.

1. 고정환급률식 체육진흥투표권 : 체육진흥투표 적중자에게 지급하는 등위별 단위 체육진흥투표권에 대한 환급금=(환급금 총액×문화체육관광부령으로 정하는 체육진흥투표 적중자 등위별 비율)×1/등위별 적중 단위 체육진흥투표권 수

2. 고정배당률식 체육진흥투표권 : 체육진흥투표 적중자에게 지급하는 단위 체육진흥투표권에 대한 환급금=단위 투표금액×단위 적중 투표항목의 환급배당률(이 계산식에 따라 산출된 해당 사업연도의 환급금 총액이 해당 사업연도의 체육진흥투표권 발매금액의 100분의 50에 미치지 못하는 경우 그 차액은 진흥공단이 문화체육관광부장관의 승인을 받아 정하는 방법에 따라 환급금으로 지급한다)

③ 제2항에 따른 환급금이 체육진흥투표권의 단위 투표 금액에 미치지 못하는 경우에는 단위 투표 금액을 환급금으로 한다.

④ 제2항에 따른 환급금을 지급할 때 그 금액에 10원 미만의 단수가 있는 경우에는 10원으로 계산한다.

제34조(위탁 운영비) ① 문화체육관광부장관은 법 제28조에 따른 위탁 운영비의 비율을 정할 경우에는 체육진흥투표권 발행 사업의 운영비용, 예상매출액 및 예상수익 등을 종합적으로 고려하여야 한다.

② 문화체육관광부장관은 체육진흥투표권 발매금액의 액수에 따라 위탁 운영비의 비율을 달리 정할 수 있다.

제35조(수익금의 배분비율 등) ① 진흥공단은 법 제29조 제1항에 따라 수탁사업자로부터 수익금을 넘겨받은 경우에는 같은 조 제2항 각 호에 따른 용도에 배분하되, 그 배분비율은 다음 각 호와 같다.

1. 기금에의 출연 : 100분의 80
2. 주최단체에 대한 지원 : 100분의 10
3. 문화체육관광부령으로 정하는 문화·체육사업의 지원 : 100분의 10

② 제1항 제2호에 따른 주최단체가 둘 이상인 경우에 주최단체 간의 수익금 배분은 다음 각 호에 따른다. 다만, 동일한 운동종목일 경우

해당 종목과 관련된 체육진흥투표권의 총발매금액 중 제29조 제3호에 따른 외국의 운동경기에 대한 체육진흥투표권의 발매금액이 차지하는 비율에 따라 산출된 수익금은 해당 종목의 각 주최단체에 균등하게 배분한다.

1. 서로 다른 운동종목인 경우 : 체육진흥투표권의 총발매금액 중 각 주최단체가 관련된 종목에 대한 체육진흥투표권 발매금액이 차지하는 비율
2. 동일 운동종목인 경우 : 해당 종목과 관련된 체육진흥투표권의 총발매금액 중 각 주최단체가 개최하거나 선수단을 구성하여 참가하는 해당 운동경기에 대한 체육진흥투표권의 발매금액이 차지하는 비율

③ 진흥공단은 문화체육관광부장관의 승인을 받아 매 사업연도 종료 후 3개월 이내에 제1항과 제2항에 따라 수익금을 나누어야 한다.

④ 제1항과 제2항에 따라 지원을 받은 자는 지원받은 사업연도 종료 후 3개월 이내에 결산 보고서(전자문서로 된 보고서를 포함한다)를 작성하여 진흥공단을 거쳐 문화체육관광부장관에게 제출하여야 한다.

제36조(주최단체의 사업계획서 제출 등) ① 주최단체는 경기 개최에 관한 사업계획서(전자문서로 된 계획서를 포함한다)와 수입 지출 예산서(전자문서로 된 예산서를 포함한다)를 매년 전년도 11월 30일까지 진흥공단을 거쳐 문화체육관광부장관에게 제출하여야 한다. 다만, 사업연도 중에 지정을 받은 경우에는 지정받은 후 1개월 이내에 제출하여야 한다.

② 제1항에 따른 사업계획서와 수입 지출 예산서를 변경한 경우에는 그 변경 사유와 변경 내용을 적은 서류를 진흥공단을 거쳐 문화체육관광부장관에게 제출하여야 한다.

제37조(체육진흥투표권의 구매 등이 제한되는 사람의 범위) ① 법 제30조 제2항 제2호에서 “체육진흥투표권 발행 사업에 대하여 감독하는 지위에 있는 자”란 문화체육관광부 소속 공무원으로서 체육진흥투표권 발행 사업 관련 업무를 담당하는 사람을 말한다.

② 법 제30조 제2항 제5호에서 "그 밖에 체육진흥투표권 발행 사업에 종사하는 자"란 진흥공단의 체육진흥투표권 발행 사업부서의 임직원과 수탁사업자의 임직원을 말한다.

제38조(사업 계획의 승인과 감독 등) ① 수탁사업자는 법 제31조 제1항에 따라 다음 연도 체육진흥투표권 발행 사업의 운영 계획(전자문서로 된 운영 계획을 포함한다)과 수입 지출 예산서(전자문서로 된 예산서를 포함한다)를 매년 11월 30일까지 진흥공단에 제출하여야 한다.

② 제1항에 따른 체육진흥투표권 발행 사업의 운영 계획에는 다음 각 호의 사항이 포함되어야 한다.

1. 체육진흥투표권의 종류, 투표 방법 및 체육진흥투표 적중자의 등위 결정
2. 체육진흥투표권 발행 대상 운동경기의 명칭과 개최 일정 등
3. 체육진흥투표권 발행 대상 운동경기의 선정과 공고
4. 체육진흥투표권의 발행 대상 운동종목과 연간 발행 횟수
5. 체육진흥투표권의 발매 방법
6. 환급금의 지급
7. 고정환급률식 체육진흥투표권과 고정배당률식 체육진흥투표권의 연간 예상 판매금액
8. 고정배당률식 체육진흥투표권의 연간 목표 환급률 변동계획
9. 체육진흥투표권 발매시스템의 운영 및 유지·보수
10. 고객 불만 처리와 서비스
11. 그 밖에 체육진흥투표권 발행 사업과 관련하여 문화체육관광부령으로 정하는 사항

③ 수탁사업자는 법 제31조 제2항에 따른 결산 보고서를 제출할 때에는 다음 각 호의 서류를 첨부하여야 한다.

1. 재무제표와 그 부속서류
2. 공인회계사의 감사보고서
3. 그 밖에 결산의 내용 확인에 필요한 서류

제39조(체육진흥투표권 발매의 무효 등) ① 고정환급률식 체육진흥투표권

을 발매한 후 해당 투표 대상 운동경기의 개최 기간 중에 다음 각 호의 어느 하나에 해당하는 수의 운동경기가 개최되지 아니하거나 개최되더라도 그 결과를 확정할 수 없을 경우에는 해당 투표 대상 운동경기에 대한 체육진흥투표권의 발매는 무효로 한다.

1. 체육진흥투표 대상 운동경기가 1개 경기 이상 4개 경기 이하인 경우 : 1개 경기 이상
2. 체육진흥투표 대상 운동경기가 5개 경기 이상 8개 경기 이하인 경우 : 2개 경기 이상
3. 체육진흥투표 대상 운동경기가 9개 경기 이상인 경우 : 3개 경기 이상

② 고정배당률식 체육진흥투표권을 발매한 후 구매자가 표기한 운동경기 전체가 해당 투표 대상 운동경기의 개최 기간 중에 개최되지 아니하거나 개최되더라도 그 결과를 확정할 수 없을 경우에는 해당 구매자에 대한 체육진흥투표권의 발매는 무효로 한다.

③ 제1항과 제2항에 따라 무효로 된 체육진흥투표권을 가지고 있는 자는 수탁사업자에게 구매금액의 반환을 청구할 수 있다.

제40조(체육진흥투표의 적중 특례) ① 고정환급률식 체육진흥투표권을 발매한 후 해당 투표 대상 운동경기의 개최 기간 중에 다음 각 호의 어느 하나에 해당하는 수의 운동경기가 개최되지 아니하거나 개최되더라도 그 결과를 확정할 수 없는 경우에는 해당 경기의 결과를 맞춘 것으로 보아 체육진흥투표 대상 전체 운동경기의 적중 여부를 결정한다.

1. 체육진흥투표 대상 운동경기가 5개 이상 8개 이하인 경우 : 1개 경기
2. 체육진흥투표 대상 운동경기가 9개 이상인 경우 : 2개 경기 이하

② 고정배당률식 체육진흥투표권을 발매한 후 구매자가 표기한 운동경기의 일부가 해당 투표 대상 운동경기 개최 기간 중에 개최되지 아니하거나 개최되더라도 그 결과를 확정할 수 없는 경우에는 해당 경기의 결과를 맞춘 것으로 보아 체육진흥투표 대상 전체 운동경기의 적중 여부를 결정한다. 이 경우 해당 경기의 환급배당률은 1로 본다.

제8장 체육단체의 육성

제41조(대한체육회 등의 수익사업) ① 법 제33조 제2항 및 법 제34조 제2항에 따라 대한체육회 및 대한장애인체육회는 다음 각 호의 수익사업을 할 수 있다.

1. 부동산 임대사업
2. 체육시설의 운영사업
3. 그 밖에 문화체육관광부장관이 국민체육 진흥을 위하여 필요하다고 인정하는 사업

② 법 제35조 제4항에 따라 한국도핑방지위원회는 다음 각 호의 수익사업을 할 수 있다.

1. 도핑방지를 위한 교육사업
2. 도핑방지를 위한 인쇄물, 시청각 자료, 기념품 등의 제작·판매사업

③ 대한체육회, 대한장애인체육회 및 한국도핑방지위원회가 제1항과 제2항에 따른 수익사업을 하려는 경우에는 미리 문화체육관광부장관의 승인을 받아야 한다.

제42조(체육시설의 입장료 징수 승인) ① 진흥공단이 법 제36조 제5항에 따라 입장료 징수의 승인을 받으려면 다음 각 호의 서류(전자문서를 포함한다)를 첨부하여 문화체육관광부장관에게 신청하여야 한다.

1. 입장료 산정 기초자료
2. 입장료 징수계획서

② 진흥공단은 제1항에 따라 승인을 받은 입장료를 변경하려면 그 사유서를 첨부하여 문화체육관광부장관의 승인을 받아야 한다.

제43조(진흥공단의 사업 계획 등) ① 진흥공단은 법 제39조 제1항에 따라 다음 회계연도의 사업 계획과 예산에 관하여 문화체육관광부장관의 승인을 받으려면 매 회계연도 11월 30일까지 다음 각 호의 서류(전자문서를 포함한다)를 첨부하여 문화체육관광부장관에게 신청하여야 한다.

1. 사업운영계획서

2. 예산안(예산총칙, 추정 대차대조표, 추정 손익계산서 및 그 부속 명세서를 포함한다)

② 진흥공단은 제1항에 따른 사업 계획과 예산을 변경하려면 그 변경 사유와 변경 내용을 기재한 서류를 문화체육관광부장관에게 제출하여 승인을 받아야 한다.

③ 진흥공단이 법 제39조제2항에 따라 제출하는 매 회계연도의 사업 실적과 결산 보고서에는 다음 각 호의 서류를 첨부하여야 한다.

1. 해당 연도의 대차대조표와 손익계산서
2. 해당 연도의 사업 계획과 집행실적 대비표
3. 공인회계사의 검사의견서와 감사의 감사의견서
4. 그 밖에 결산의 내용을 확인할 수 있는 부속서류

제9장 보칙

제44조(권한의 위임·위탁) 문화체육관광부장관은 법 제46조에 따라 우수선수 인정에 관한 권한을 대한체육회와 대한장애인체육회에 위탁한다.

부칙〈제22151호, 2010. 5. 4.〉

제1조(시행일) 이 영은 2010년 5월 5일부터 시행한다.

제3절 국민체육진흥법 시행규칙

1. 주관기관

문화체육관광부 체육정책과 02-3704-9818

국민체육진흥법 시행규칙

[시행 2009. 10. 1.]
[문화체육관광부령 제42호, 2009. 10. 1, 전부개정]

제1조(목적) 이 규칙은 「국민체육진흥법」 및 같은 법 시행령에서 위임된 사항과 그 시행에 필요한 사항을 규정함을 목적으로 한다.

제2조(지방체육진흥계획) ① 지방자치단체의 장이 「국민체육진흥법 시행령」(이하 "영"이라 한다) 제4조 제1항 또는 제2항에 따라 해당 지방자치단체의 체육진흥계획을 수립할 때에는 특별시·광역시·도의 교육감(이하 "시·도 교육감"이라 한다) 또는 시·군·구(자치구를 말한다)의 교육장과 협의를 하여야 한다.

② 영 제4조 제3항에 따른 해당 연도의 체육 진흥 계획의 보고는 매년 1월 31일까지, 그 추진 실적의 보고는 다음해 1월 31일까지 하여야 한다.

제3조(경기지도자 또는 생활체육지도자의 배치 면제 등) ① 영 제7조 제4항에 따라 생활체육지도자의 배치, 운동경기부의 설치 및 경기지도자의 배치를 면제받으려는 공공기관 및 직장의 장은 별지 제1호서식의 신청서를 관할 시장·군수 또는 구청장(자치구의 구청장을 말한다. 이하 같다)에게 제출하여야 한다.

② 영 제7조 제6항에 따라 체육동호인조직과 운동경기부의 설치·운영보고, 생활체육지도자와 경기지도자의 배치 보고를 하려는 공공기관 및 직장의 장은 별지 제2호서식의 보고서를 관할 시장·군수 또는 구청장에게 제출하여야 한다.

제4조(체육지도자의 연수 및 자격검정) 영 제8조부터 제 11조까지의 규정에

따른 체육지도자의 연수와 자격검정에 관한 사항은 따로 문화체육관광부령으로 정한다.

제5조(대한민국체육상) ① 영 제13조 제1항에 따른 대한 민국체육상(이하 "체육상"이라 한다)의 종류는 경기상, 연구상, 지도상, 공로상, 진흥상, 극복상 및 특수체육상 으로 한다.

② 체육상의 시상은 매년 체육의 날이 속하는 달에 한다.

③ 수상자에게는 상장과 부상을 수여한다.

제6조(체육상 수상 대상자의 추천) ① 제5조에 따른 체육상 수상 대상자는 다음 각 호에 해당하는 기관 또는 단체의 장이 추천한다.

1. 중앙행정기관의 장, 특별시장·광역시장·도지사, 시·도 교육감
2. 전문대학 이상의 학교 및 이에 준하는 각종 학교의 장
3. 그 밖에 문화체육관광부장관이 인정하는 체육단체 또는 체육관계 학술단체의 장

② 제1항에 따라 체육상 수상 대상자를 추천하려면 별지 제3호서식의 추천서에 다음 각 호의 서류를 첨부하여 문화체육관광부장관에게 제출하여야 한다.

1. 별지 제4호서식의 공적조서 2부
2. 공적을 증명하는 자료 1부

제7조(수상자의 결정) ① 문화체육관광부장관은 체육상 시상을 할 때마다 체육상심사위원회를 구성하여 그 심사를 거쳐 체육상 수상자를 결정한다.

② 체육상심사위원회는 체육에 관한 학식과 경험이 풍부하고 덕망이 있는 사람 중에서 문화체육관광부장관이 임명하거나 위촉하는 26명 이내의 위원으로 구성한다.

제8조(우수 생산업체의 지정 절차) 문화체육관광부장관은 「국민체육진흥법」(이하 "법"이라 한다) 제17조 제2항에 따라 체육 용구·기자재(이하 "체육용구 등"이라 한다)를 생산하는 우수업체를 지정하려면 지정 대상 업종과 지정 신청 절차 등을 미리 공고하여야 한다.

제9조(우수 생산업체 지정 등의 고시) 문화체육관광부장관은 체육용구 등

을 생산하는 우수 업체를 지정하거나 지정 내용을 변경한 경우 또는 지정을 취소한 때에는 그 사실을 관보에 게재하여 고시하여야 한다.

제10조(자금의 융자 절차 등) ① 문화체육관광부장관은 법 제17조 제2항 및 제3항에 따라 국민체육진흥기금(이하 "기금"이라 한다)에서 자금을 융자하려면 융자의 한도액을 정하여 미리 공고하여야 한다.

② 법 제17조 제2항 및 제3항에 따라 자금을 융자받으려면 서울올림픽기념국민체육진흥공단(이하 "진흥공단"이라 한다)에 융자 신청을 하여야 한다.

제11조(기금의 관리·운용) ① 법 제22조 제1항 및 제3항에 따라 기금으로부터 보조나 출연을 받으려면 매 회계연도 4월 20일까지 진흥공단에 다음 연도의 기금 지원 신청서를 제출하여야 한다.

② 제1항에 따라 보조를 받은 자는 그 사업이 종료된 후 30일 이내에 사업 실적과 정산서를 진흥공단에 제출하여야 한다.

제12조(부가금 수납 관련 서류) 영 제25조 제3항에 따른 부가금수납명세서는 별지 제5호서식에 따른다.

제13조(체육진흥투표권의 기재사항) 영 제28조 제5항에서 "문화체육관광부령으로 정하는 사항"이란 다음 각 호의 사항을 말한다.

1. 법 제24조에 따른 체육진흥투표권 발행사업자인 진흥공단의 명칭 및 법 제25조 제1항에 따른 수탁사업자(이하 "수탁사업자"라 한다)의 명칭
2. 해당 체육진흥투표권의 발행회차
3. 법 제27조 제1항에 따른 환급금의 지급 대상이 되는 체육진흥투표권 적중자의 등위, 등위 결정 방법 및 등위별 환급금 지급 비율에 관한 사항
4. 체육진흥투표권 적중자에 대한 환급금 지급 기한(환급금 지급 개시일부터 1년) 및 지급 방식
5. 체육진흥투표권 발행 대상 운동경기의 결과 공고방식
6. 판매된 체육진흥투표권의 환불 금지에 관한 사항
7. 미성년자에 대한 체육진흥투표권 판매 금지와 환급금 지급 금지에

관한 사항

8. 구매 상한액 준수 등 체육진흥투표권의 건전한 이용에 관한 사항

제14조(운동경기 주최단체의 지정 신청 등) ① 영 제29조에 따라 체육진흥투표권 발행 대상이 되는 운동경기를 주최하는 단체(이하 "주최단체"라 한다)로 지정을 받으려면 신청서에 다음 각 호의 서류를 첨부하여 문화체육관광부장관에게 제출하여야 한다.

1. 체육진흥투표권 발행 대상 운동경기 개최계획서
2. 해당 단체의 대표자(법인인 경우에는 대표자와 임원)의 성명·주소 및 주민등록번호 등을 적은 서류
3. 정관(법인인 경우만 해당한다)
4. 인적 구성 등 조직에 관한 사항을 파악할 수 있는 서류
5. 영 제29조 제1호 각 목에 따른 주최단체의 요건을 모두 갖추고 있음을 증명할 수 있는 서류

② 제1항에 따른 신청서를 제출받은 담당 공무원은 「전자정부법」 제21조 제1항에 따른 행정정보의 공동 이용을 통하여 법인등기부 등본(법인인 경우만 해당한다)을 확인하여야 한다.

③ 문화체육관광부장관은 주최단체를 지정하였을 때에는 주최단체의 명칭, 사무소의 소재지에 관한 사항을 관보에 고시하여야 한다.

제15조(운동경기 결과의 통지 등) 주최단체는 해당 체육진흥투표권 발행 대상 운동경기가 끝나면 그 결과를 확인하여 지체 없이 진흥공단과 수탁사업자에게 통지하여야 한다. 다만, 영 제29조 제3호의 운동경기에 대해서는 수탁사업자가 해당 대상 운동경기의 결과를 지체 없이 확인하여 공고하여야 한다.

제16조(체육진흥투표 적중자의 등위별 비율) ① 영 제33조 제2항 제1호에서 "문화체육관광부령으로 정하는 체육진흥투표 적중자 등위별 비율"이란 다음 각 호의 비율을 말한다. 다만, 영 제26조 제1항 제2호부터 제4호까지의 규정에 따른 점수식·혼합식 및 특별식 체육진흥투표 적중자는 제외한다.

1. 1등 적중자에게만 환급금을 지급하는 것으로 체육진흥투표권이 발

행된 경우: 100분의 100

2. 1등 및 2등 적중자에게 환급금을 지급하는 것으로 체육진흥투표권이 발행된 경우

가. 1등: 100분의 60

나. 2등: 100분의 40

3. 3개 등위 이상의 적중자에게 환급금을 지급하는 것으로 체육진흥투표권이 발행된 경우: 진흥공단이 문화체육관광부장관의 승인을 받아 정하는 비율(1등 적중자의 등위별 비율은 환급금의 100분의 60을 초과할 수 없다)

② 영 제26조 제1항 제2호부터 제4호까지의 규정에 따른 점수식·혼합식 및 특별식 체육진흥투표 적중자의 등위별 비율은 진흥공단이 문화체육관광부장관의 승인을 받아 정한다.

제17조(주최단체 배분 수익금의 지원 대상) ① 법 제29조 제2항 제3호 단서에 따른 지원 대상 사업은 다음 각 호의 사업을 말한다.

1. 유소년스포츠 활성화 사업
2. 프로스포츠 활성화 사업
3. 제1호의 사업을 제외한 아마추어스포츠 활성화 사업

② 각 주최단체는 제1항에 따라 배분받은 지원금이 5억원 이상인 경우에는 그 지원금의 100분의 15 이상을 대한체육회에 가맹한 해당 종목의 아마추어 경기단체(축구의 경우에는 한국프로축구연맹을 말한다)에 배분하여야 한다.

제18조(문화·체육 사업 지원 대상) ① 법 제29조 제2항 제4호 및 영 제35조 제1항 제3호에서 "문화체육관광부령으로 정하는 문화·체육 사업"이란 다음 각 호의 어느 하나에 해당하는 사업을 말한다.

1. 체육·문화예술 분야의 인재 육성 및 전문인력 양성과 이에 따른 시설 및 장비의 지원
2. 비인기 운동종목 지원 및 문화예술 취약 분야 육성 사업
3. 학교운동부 지원·육성 등 학교 체육의 활성화를 위한 사업
4. 그 밖에 체육·문화예술 진흥을 위하여 특별히 지원이 필요한 사업

② 영 제35조 제1항에 따라 배분받는 문화·체육 사업에 대한 지원금은 다음 각 호의 비율로 배분한다.

1. 체육 분야: 해당 연도 지원금의 100분의 70
2. 문화 분야: 해당 연도 지원금의 100분의 30

③ 제1항 및 제2항에 해당하는 구체적인 지원 대상 사업과 지원금의 지원 절차 및 방법 등에 관하여 필요한 사항은 문화체육관광부장관이 정한다.

제19조(수탁사업자의 사업계획 내용) 영 제38조 제2항 제11호에서 "문화체육관광부령으로 정하는 사항"이란 다음 각 호의 사항을 말한다.

1. 미성년자에 대한 체육진흥투표권 판매 금지 등 청소년 보호에 관한 사항
2. 체육진흥투표권 발행사업의 매출액 조작 방지 등 사업의 투명성 확보에 관한 사항
3. 체육진흥투표권 발매의 인증방법에 관한 사항
4. 주최단체와의 협조에 관한 사항

부칙〈제42호, 2009. 10. 1.〉

이 규칙은 공포한 날부터 시행한다.

제4절 대한체육회 정관

1. 주관기관

대한체육회

대한체육회 정관

[1954년 3월 16일 제정, 문교부(문화 제264호) 승인]
[2009년 6월 24일 완전개정, 2009년 6월 29일 문화체육관광부 승인]

제1장 총칙

제1조(설립근거 및 명칭) 이 법인은「국민체육진흥법」33조에 의하여 설립되고 국제올림픽위원회(International Olympic Committee : 약칭 IOC)에 가입한 대한민국의 국가올림픽위원회(National Olympic Committee : 약칭 NOC)로서 그 명칭은 대한체육회(이하 "체육회"라 한다)라 칭하며, 영문으로는 Korean Olympic Committee(약칭 KOC)로 한다.

제2조(올림픽헌장의 준수) 체육회는 올림픽헌장과 세계도핑규정을 준수함과 아울러 스포츠에서의 어떠한 종류의 차별이나 폭력도 배격한다.

제3조(목적 및 지위) ① 체육회는 체육운동을 범 국민화하여 학교체육 및 생활체육의 진흥으로 국민의 체력 향상을 도모하고, 체육회에 가맹한 체육단체를 지원 육성함과 아울러 우수한 경기자를 양성하여 국위선양에 이바지함을 목적으로 한다.

② 체육회는 IOC와 독점적 교섭권을 갖는 대한민국을 대표하는 유일한 단체로서 올림픽운동을 통하여 올림픽이즘의 원칙과 가치를 확산하며 스포츠를 통한 국제친선과 세계평화에 기여한다.

③ 체육회는 국제올림픽위원회(IOC), 국가올림픽위원회연합회(ANOC), 아시아올림픽평의회(OCA) 등 국제체육기구에 대하여 대한민국을 대표한다.

④ 체육회는 「국민체육진흥법」 제33조 제7항에 따라 「민법」 중 사단법인에 관한 규정을 준용한다.

제4조(소재지) 체육회의 사무소는 서울특별시에 둔다.

제5조(가맹단체 및 시·도지부) ① 체육단체는 체육회에 가맹할 수 있으며, 가맹단체는 정가맹단체, 준가맹단체 및 인정단체로 구분한다.

② 가맹단체의 용어 정의는 다음과 같다.

1. "정가맹단체"라 함은 가맹단체로서의 권리 및 의무사항을 이행할 것에 동의하여 체육회 이사회를 거쳐 대의원총회 의결로써 가맹을 확정한 단체를 말한다.
2. "준가맹단체"라 함은 체육회 이사회의 의결로써 준가맹을 승인받아 권리사항을 제한받는 경기단체를 말한다.
3. "인정단체"라 함은 체육회 이사회의 의결로써 당해 단체의 대표성을 한시적으로 인정받을 뿐 권리와 의무사항을 적용받지 않는 단체를 말한다.

③ 체육회는 목적 사업 수행을 위하여 서울특별시, 각 광역시·도, 특별자치도에 지부를 둔다(이하 "시·도체육회"라 한다).

④ 제1항 내지 제3항의 가맹단체 및 시·도체육회는 체육회 정관 및 제 규정을 준수하여야 하며, 가맹 및 지부의 요건이나 절차 등에 관한 사항은 별도로 정한다.

제6조(재외 한인체육단체) 체육회 인정을 받은 재외 한인체육단체는 체육회의 사업에 참여할 수 있으며 지정 및 운영에 관한 필요한 사항은 별도로 정한다.

제7조(사업) ① 체육회는 제3조의 목적을 달성하기 위하여 다음의 사업을 수행한다.

1. 스포츠 활동을 통한 학교체육 및 국민체육 육성 보급
2. 올림픽대회, 아시아경기대회와 IOC의 후원을 받는 지역대회, 대륙대회, 대륙간대회 및 이에 준하는 국제종합경기대회에의 대한민국을 대표하는 선수단의 구성, 파견 및 관리
3. 제2호에 해당하는 대회의 국내개최를 위한 후보도시 선정 및 대회

국내개최 시 대회의 총괄, 조직 및 관리 등

4. 국제스포츠 교류, 국제체육기구회의, 올림픽운동 및 교육문화 프로그램 관련된 제반 사업
5. 스포츠와 관련 환경의 지속적 발전을 위한 사업
6. 가맹단체와 시·도체육회의 지원 육성
7. 전국체육대회 및 전국소년체육대회 등 각종 종합체육대회의 개최
8. 스포츠 과학의 진흥과 선수·지도자의 육성 및 경기기술의 연구 촉진
9. 체육인의 권익증진 및 복지를 위한 사업
10. 체육회의 사업수행에 필요한 재원 조달을 위한 수익사업
11. 위 각 호와 관련되는 부대사업

② 제1항 제2호 및 제3호에 따른 선수단 구성 및 관리와 대회개최 후보도시 선정에 관한 필요한 사항은 별도로 정한다.

제8조(법인공여이익의 수혜자) ① 체육회는 목적사업을 수행함에 있어서 그 수혜자에게 제공하는 이익은 이를 무상으로 한다. 다만, 부득이한 경우에는 미리 주무부처장관의 승인을 받아 그 대가의 일부를 수혜자에게 부담시킬 수 있다.

② 체육회의 목적사업 수행으로 인하여 제공되는 이익은 수혜자의 출생지, 출신학교, 근무처, 직업 또는 기타 사회적 지위 등에 의하여 차별을 두지 아니한다.

제2장 회원

제9조(회원) 체육회의 회원은 다음 각 호와 같다.

1. 대한민국 국적을 가진 IOC위원
2. 정가맹단체
3. 선수대표(선수위원회의 위원장으로 한다. 이하 같다)

제10조(가맹 및 탈퇴) ① 제9조에 따라 회원이 되려는 체육단체는 체육회에 가맹을 신청하여야 하고, 이사회 및 대의원총회(이하 "총회"라 한

다)의 의결을 거쳐 체육회의 회원이 된다.

② 정가맹단체는 탈퇴서를 제출하고 체육회에서 탈퇴할 수 있다.

제11조(회원의 권리와 의무) ① 회원은 체육회의 사업에 참여할 권리를 갖는다.

② 회원은 체육회 정관 및 제 규정을 준수할 의무를 진다.

제12조(회원의 제명) 회원이 제11조 제2항에 규정한 의무를 위반하여 체육회 회원으로서 부적합하다고 인정될 때에는 이사회의 의결을 거쳐 총회에서 재적 대의원 투표권 수의 3분의 2 이상의 의결로써 제명할 수 있다.

제3장 대의원

제13조(대의원) ① 체육회의 대의원은 다음과 같다.

1. 대한민국 국적의 IOC위원
2. 제10조 제1항에 따라 가맹한 정가맹단체의 장
3. 선수대표 1인

② 정가맹단체의 장이 부득이한 사유로 총회에 출석할 수 없는 경우에는 부회장 중 대리인을 지명하여 출석하게 할 수 있다. 이 경우 대리인의 권한은 해당 총회에서만 대의원과 동일한 권한을 가진다.

③ 정가맹단체의 장은 제2항에 따라 대리인을 지명하는 경우에는 총회 5일 전에 체육회에 서면으로 그 사실을 통보하여야 한다.

제14조(대의원의 투표권) 대의원은 다음 각 호에 정하는 바에 따라 투표권을 행사한다.

1. 제26조 및 제27조에서 정한 체육회 임원선출 총회를 기준으로 직후 올림픽대회 종목의 가맹단체를 대표하는 대의원은 2표를 행사하되, 직전대회에 출전하지 못한 종목의 가맹단체를 대표하는 대의원은 1표를 행사한다.
2. 그 외의 가맹단체를 대표하는 대의원 및 대한민국 국적의 IOC위원과 선수대표는 각 1표를 행사한다.

제4장 대의원총회

제15조(총회의 구성 및 기능) ① 총회는 제13조 제1항 각 호의 대의원 또는 그 대리인으로 구성한다.

② 총회는 다음 사항을 의결한다.

1. 체육회의 해산 및 정관 변경에 관한 사항
2. 회원의 가맹 및 제명
3. 임원의 선출 및 해임에 관한 사항
4. 사업결과 및 결산에 관한 사항
5. 기타 중요사항

제16조(정기총회와 임시총회) ① 정기총회는 매 회계연도 종료 후 2개월 이내에 회장이 소집한다.

② 임시총회는 다음 각 호의 어느 하나에 해당하는 경우에 15일 이내에 회장이 소집한다.

1. 회장이 필요하다고 인정하는 경우
2. 재적이사 과반수의 소집요구가 있는 경우
3. 재적대의원 투표권수의 3분의 1 이상의 요구가 있는 경우

③ 제2항의 경우에 회장이 정당한 사유 없이 총회를 소집하지 아니한 때에는 소집요구를 한 이사나 대의원이 총회를 소집할 수 있다.

④ 총회의 소집은 늦어도 개최 7일전에 안건·일시 및 장소를 명기하여 서면(전자문서를 포함한다)으로 대의원에게 통지하여야 한다. 다만, 긴급한 사유가 있을 때에는 그 기간을 단축할 수 있으며, 회장을 선출하는 총회는 후보자를 확정한 후 14일전에 통지하여야 한다.

⑤ 총회는 통지된 안건에 한하여서만 의결할 수 있다. 다만, 출석대의원 전원의 찬성이 있는 경우에는 그 외의 안건에 대하여도 상정하여 의결할 수 있다.

제17조(의장) ① 총회의 의장은 회장이 된다. 다만, 회장이 부득이한 사유로 직무를 수행할 수 없는 때에는 회장이 부회장 선임 시 정한 순서에 따라 부회장이 의장이 된다.

② 제16조 제3항에 따라 이사나 대의원이 소집한 총회의 경우에는 출석대의원 중 연장자가 임시의장이 된다.

제18조(의결정족수) 총회는 이 정관에 특별히 규정한 것을 제외하고는 재적대의원 투표권수의 과반수를 가진 대의원의 출석으로 개회하고, 출석대의원 투표권수의 과반수 찬성으로 의결한다.

제19조(총회의결 제척사유) 의장 또는 대의원이 다음 각 호의 어느 하나에 해당하는 때에는 그 의결에 참여하지 못한다.

1. 임원 선출 및 해임에 있어 자신에 관한 사항을 의결할 때
2. 금전 및 재산의 수수를 수반하는 사항으로써 자신과 체육회의 이해가 상반될 때

제20조(임원의 불신임) ① 총회는 임원에 대하여 부분적 또는 전체적으로 해임을 의결할 수 있다.

② 제1항에 따라 임원 전원을 해임할 경우에는 임원의 임기 경과와 관계없이 해임할 수 있으며, 일부 임원을 해임할 경우에는 해당 임원이 선출된 날부터 만 1년이 경과해야 한다.

③ 해임안은 재적대의원 투표권수의 과반수 찬성으로 제의되고, 출석대의원 투표권수의 3분의 2 이상의 찬성으로 의결한다.

④ 해임안이 의결되었을 때에는 해당 임원은 즉시 해임된다.

제5장 이사회

제21조(이사회의 구성 및 기능) ① 이사회는 회장, 부회장 및 이사로 구성된다.

② 이사회는 다음 사항을 심의 의결한다.

1. 사업계획 및 예산에 관한 사항
2. 사업결과 및 결산에 관한 사항
3. 각종 위원회 운영에 관한 사항
4. 기본 자산의 편입 및 처분에 관한 사항
5. 상근부회장의 임명 동의에 관한 사항

6. 제 규정의 제정 및 개정

7. 총회에서 위임받은 사항

8. 총회 안건 상정에 관한 사항

9. 기타 중요사항

제22조(의결정족수) 이사회는 이 정관에 특별히 규정한 것을 제외하고는 재적이사 과반수의 출석으로 개회하고 출석이사의 과반수 찬성으로 의결한다.

제23조(이사회의 소집) ① 회장은 필요에 따라 이사회를 소집하고 그 의장이 된다. 다만, 회장이 부득이한 사유로 직무를 수행할 수 없는 때에는 회장이 부회장 선임 시 정한 순서에 따라 부회장이 의장이 된다.

② 이사회를 소집하고자 할 때에는 회의 3일 전까지 안건·일시·장소를 명시하여 서면(전자문서를 포함한다)으로 각 이사에게 통지하여야 한다. 다만, 긴급한 사유가 있을 때에는 그 기간을 단축할 수 있다.

③ 이사회 소집권자가 이사회의 소집을 기피하는 경우에는 재적이사 3분의 2 이상의 동의를 받아 이사가 이사회를 소집할 수 있다.

④ 이사회는 미리 통지된 안건에 한하여서만 의결할 수 있다. 다만, 출석이사 전원의 찬성이 있는 경우에는 그 외의 안건을 상정하여 의결할 수 있다.

제24조(긴급한 업무의 처리) 회장은 그 내용이 긴급하다고 인정될 때에는 이를 집행할 수 있다. 다만, 차기 이사회에 이를 승인받아야 한다.

제6장 임원

제25조(임원) 체육회에 다음의 임원을 둔다.

1. 회장 1인

2. 5인 이내의 부회장을 포함한 15인 이상 20인 이내의 이사

3. 감사 2인

제26조(회장의 선출) ① 회장은 총회에서 선출한다.

② 회장선거에 입후보하려는 자는 정가맹단체장 5인의 추천을 받아

야 한다.

③ 회장의 선출 방법은 다음 각 호에 따른다.

1. 회장선거는 무기명 비밀투표로 하며 출석대의원 투표권수의 과반수 득표로 당선된다.
2. 1차 투표에서 출석대의원 투표권수의 과반수 득표자가 없을 경우에는 상위 득표자 2인에 대하여 결선투표를 하여 다수 득표자를 당선자로 결정한다.
3. 제2호의 결선투표 결과 득표수가 동수인 경우에는 재투표를 하여 다수 득표자를 당선인으로 결정한다.
4. 제1차 투표결과 1위, 2위가 3인 이상일 경우에는 1위, 2위 득표자 전원에 대하여 결선 투표를 한다. 결선 투표는 제3호에 따른다.
5. 후보자가 1인인 때에는 그 득표수가 출석대의원 투표권수의 과반수 득표를 얻어야만 당선된다.

④ 이 정관에 정한것 외에 회장 선출에 관한 필요한 사항은 별도로 정한다.

⑤ 회장이 궐위된 경우에 잔여임기가 1년 미만인 경우에는 제28조 제2항에 정한 순서에 따라 부회장이 직무를 대행하고, 잔여임기가 1년 이상인 경우에는 60일 이내에 총회를 개최하여 회장을 선출해야 한다.

제27조(부회장, 이사, 감사의 선임) ① 부회장 및 이사는 회장이 추천한 자 중에서 총회에서 선임하되 올림픽종목 가맹단체를 대표하는 이사가 재적이사(회장과 부회장을 포함한 재적이사의 수를 말한다)의 과반수가 되어야 한다. 이 경우 올림픽종목은 임원선출 총회 직후 개최되는 올림픽대회를 기준으로 한다.

② 회장은 이사회의 동의를 얻어 부회장 중 상근부회장 1인을 둘 수 있다.

③ 감사는 총회에서 선임하되 올림픽종목 가맹단체의 대표 대의원 중에서 1인, 공인회계사 자격을 가진 자 중에서 1인을 선임하여야 한다.

④ 부회장과 이사의 결원이 있을 때에는 회장이 추천한 자를 이사회

에서 보선하되 차기 총회에 이를 보고하여야 한다.

⑤ 대의원은 임원에 선임될 수 있으나 재적 이사의 3분의 2를 초과할 수 없다.

⑥ 임원은 주무부처 장관의 승인을 얻어 취임한다.

제28조(임원의 직무) ① 회장은 체육회를 대표하고 그 업무를 총괄한다.

② 부회장은 회장을 보좌하고, 회장이 궐위되었거나, 또는 사고로 인하여 직무수행이 곤란한 경우에는 회장이 부회장 선임 시 정한 순서에 따라 회장의 직무를 대행한다.

③ 이사는 이사회를 구성하고 이사회에 출석하여 그 직무에 관한 사항을 의결한다.

④ 감사는 체육회의 회계와 업무 집행을 감사한다.

제29조(임원의 보수) 회장을 비롯한 비상근 임원에게는 보수를 지급하지 아니한다. 다만, 업무수행에 필요한 경비는 실비로 지급할 수 있다.

제30조 (임원의 임기) ① 회장을 포함한 이사의 임기는 4년으로 하고, 감사의 임기는 2년으로 하며, 연임할 수 있다.

② 임기의 기산은 일수를 기준으로 하지 않고 임원을 선출한 정기총회를 기준으로 한다.

③ 보선된 임원의 임기는 전임자의 잔여기간으로 하고, 임원수가 증원되어 선임된 임원의 임기는 다른 임원의 잔여기간으로 한다.

제31조(임원의 결격사유) ① 대한민국 국적을 갖지 아니한 자 및 국가공무원법 제33조 각 호의 어느 하나에 해당하는 자는 체육회의 임원이 될 수 없다.

② 임원이 제1항에 해당하게 되거나 선임 당시 그에 해당한 자로 밝혀졌을 때에는 당연히 퇴임한다.

제32조(임원의 사임 및 해임) ① 이사 및 감사가 사임할 경우에는 회장 또는 그 직무대행자에게 사직서를 제출하여야 하며, 회장이 사임할 경우에는 사무처에 사직서를 제출해야 한다. 이사, 감사 또는 회장이 사직서를 제출한 경우에는 제출과 동시에 사임한 것으로 본다.

② 임원이 다음 각 호의 어느 하나에 해당하는 경우에는 당연히 퇴임

한 것으로 본다.

1. 제31조에 해당하는 때
2. 정가맹단체 및 시·도체육회의 임원 또는 체육단체를 대표하는 자가 해당 단체에서 해임되거나 사임하는 경우

第33조(명예회장 및 고문) 체육회에 다음 각 호에 정하는 바에 따라 명예회장 1인 및 약간인의 고문을 둘 수 있다

1. 명예회장은 총회에서 추대하며 이사회 및 총회에 참석하여 자문할 수 있다.
2. 고문은 이사회의 동의를 얻어 회장이 위촉한다.

제7장 각종 위원회

第34조(각종 위원회의 설치) ① 체육회 사업 수행과 목적 달성을 위하여 이사회의 자문기구로서 다음 각 호의 위원회를 설치한다.

1. 학교체육위원회
2. 생활체육위원회
3. 국제위원회
4. 전국체육대회위원회
5. 경기력향상위원회
6. 선수위원회
7. 여성체육위원회
8. 문화·환경·교육(올림픽아카데미)위원회
9. 의무위원회
10. 법제상벌위원회
11. 홍보위원회

② 필요에 따라 이사회의 의결로써 특별위원회를 설치할 수 있다.

③ 체육회는 위원회 운영에 필요한 인력 및 예산을 지원해야 한다.

④ 제1항 각 호 위원회와 제2항 특별위원회의 구성 및 운영에 필요한 사항은 별도로 정한다.

第35條 (대한대학스포츠위원회) ① 국제대학스포츠연맹(FISU) 헌장 제1조의 목적에 부응하고, 국내 대학스포츠의 발전 도모를 위하여 대한대학스포츠위원회(Korean University Sports Board)를 둔다.

② 대한대학스포츠위원회는 국제대학스포츠연맹에 대해서 대한민국을 대표한다.

③ 이 정관에 정한것 외에 대한대학스포츠위원회의 구성 및 운영에 관한 필요한 사항은 별도로 정한다.

제8장 재산과 회계

第36條 (재산의 구분) ① 체육회 재산은 기본재산과 보통재산으로 구분한다.

② 기본재산은 체육회의 목적사업 수행에 관계되는 부동산 또는 동산으로서 이사회에서 정한다.

③ 보통재산은 기본재산 이외의 재산으로 한다.

第37條 (재산의 관리) 체육회의 기본재산을 양도, 증여, 교환 또는 용도변경하거나 담보에 제공하고자 할 때, 또는 체육회가 재정적, 업무적 부담을 하거나 권리를 포기하고자 할 때에는 이사회와 총회의 의결을 거쳐 주무부처 장관의 승인을 받아야 한다. 차입금(당해 회계 연도내의 수입으로 상환하는 일시 차입금은 제외한다)에 대하여도 같다.

第38條 (재원) 체육회의 유지 및 운영에 필요한 경비의 재원은 다음과 같다.

1. 보조금(국고 및 국민체육진흥기금)
2. 기본재산으로부터 생기는 과실금
3. 기부금 및 찬조금
4. 사업수입금
5. 기타 수입금

第39條 (회계연도) 체육회의 회계연도는 정부의 회계연도에 따른다.

第40條 (예산 편성 및 결산) ① 체육회는 매 회계연도 시작 전 사업계획과 예산안을 편성하여 이사회의 의결을 거쳐 주무부처장관의 승인을 받

아야 한다.

② 제1항의 규정에 의하여 승인을 받은 중요사업계획 및 예산을 변경하고자 할 때에는 이사회의 의결을 거쳐 주무부처장관의 승인을 받아야 한다.

③ 체육회는 매 회계연도 종료 후 2개월 이내에 결산서를 작성하여 이사회 및 총회의 의결을 거쳐 주무부처장관에게 제출하여야 한다.

제41조 (회계처리) 재산 및 회계에 관한 필요한 사항은 별도로 정한다.

제42조 (가맹단체 및 시·도체육회 감사) 체육회가 필요하다고 인정할 때에는 가맹단체와 시·도체육회의 사업 및 회계업무를 감사할 수 있다.

제9장 올림픽 등에 대한 권리

제43조(올림픽 등에 대한 권리) ① 올림픽헌장 및 그 부속규칙에 따라 체육회는 국내에서 "올림픽, 올림픽 심볼(symbol), 올림픽 기(flag), 올림픽 표어(motto), 올림픽 휘장(emblems), 올림픽 주제가(anthem), 올림픽 게임(the Olympic Games), 올림피아드(Olympiad), 올림픽을 포함하고 올림픽과 유사한 용어" 등 국제올림픽위원회(IOC)의 모든 지적재산을 보호하고 사용할 권리를 가진 유일한 기관이다.

② 체육회에 의해 파견 또는 개최하는 아시아경기대회 등 국제종합경기대회 관련 국제기구의 지적재산과 제반사항은 아시아올림픽평의회(OCA) 등 해당 국제기구의 규정을 따른다.

③ 체육회의 "명칭, 로고, 표장"과 체육회가 주최하거나 파견하는 전국체육대회(전국소년체육대회, 전국동계체육대회) 및 국제종합경기대회에 관련된 국가대표선수, 지도자, 심판의 이름 및 사진에 대해서는 체육회가 독점적 사용 권리를 갖는다.

④ 제1항 내지 제3항의 체육회 권리를 사용하고자 하는 개인 또는 단체나 법인은 체육회의 사전 승인을 받아야 하며 그 사용료를 지불해야 한다.

⑤ 이 정관에서 규정한 것을 제외한 필요한 사항은 별도로 정한다.

제10장 사무처

제44조(설치 및 운영) ① 체육회에 사무처를 두며 사무처에는 사무총장과 직원을 둔다.

② 사무총장은 이사회의 동의를 받아 회장이 임명하며 주무부처 장관의 승인을 얻어 취임한다.

③ 사무처의 조직 및 운영에 관한 필요한 사항은 별도로 정한다.

제45조(경영공시) 체육회는 경영의 투명성을 제고하기 위하여 주요사업의 추진계획 및 성과 등을 공시한다.

제11장 보칙

제46조 (해산) ① 체육회는 재적대의원 투표권수의 4분의 3 이상의 해산결의 또는 주무부처장관의 설립인가 취소로 해산한다.

② 체육회가 해산하였을 때에는 잔여재산은 주무부처장관의 승인을 얻어 국가 또는 체육회의 목적과 유사한 공공단체에 기부한다.

제47조 (정관변경) 체육회의 정관을 변경할 때에는 이사회의 의결 또는 재적 대의원 투표권수의 3분의 1 이상의 찬성으로 발의하며, 출석대의원 투표권수의 3분의 2 이상의 찬성으로 의결하여 주무부처장관의 승인을 얻어야 한다.

제48조(규정 제정) 이 정관이 정한 것 외에 체육회의 운영 등에 관한 필요한 사항은 이사회의 의결을 거쳐 규정으로 정한다.

부칙〈2009. 6. 29.〉

제1조 (시행일) 이 정관은 주무부처 장관의 승인을 받은 날부터 시행한다.

제5절 선수등록 규정

1. 주관기관

대한체육회

선수등록 규정

제1장 총칙

제1조(목적) 우리나라 체육의 균형발전을 꾀하고 건전하고 효율적인 선수육성을 도모하기 위해 체육회에 가맹된 가맹단체의 선수등록 및 선수활동 등에 관한 절차와 기준을 정함을 목적으로 한다.

제2조(정의) 본 규정에서 사용하는 용어의 정의는 다음과 같다.

1. "선수등록"이라 함은 체육회에 가맹된 가맹단체의 당해 종목선수로 선수활동을 희망하여 정한 절차에 따라 매년 등재하는 것을 말한다.
2. "등록선수"라 함은 체육회에 가맹된 가맹단체의 당해 종목에 선수활동을 목적으로 선수등록을 마친 자를 말한다.
3. "신인선수"라 함은 선수활동을 목적으로 당해 가맹단체에 처음 선수등록을 한 자를 말한다.
4. "선수활동"이라 함은 선수등록을 필한 자로 일정한 자격을 갖추어 당해 종목의 등록선수로서 각종대회 참가 등의 활동을 하는 것을 말한다.
5. "가맹단체"라 함은 국민체육진흥법 및 체육회 정관에서 정한 가맹단체로서 정가맹 단체 또는 준가맹단체로 승인된 가맹단체를 말한다.
6. "체육특기자"라 함은 가맹단체에서 정한 바에 따라 선수등록을 마친 등록선수 가운데 당해 학교에 특례 입학한 학생선수 및 재학

중에 교육당국으로부터 승인을 받은 자를 말한다.(단, 초등학생은 선수등록 후 선수활동 중 인자이며, 체육특기자 이외의 학생선수로서 가맹단체에 선수등록을 마치고 선수활동을 할 경우에도 체육특기자로 적용 받는다.)

7. "정책종목"이라 함은 교육기본법의 관계법규에 의거 설치된 체육중·고등학교(또는 체육과)에서 정책적으로 육성되고 있는 육상, 수영, 체조, 유도, 역도, 양궁, 사격, 레슬링, 복싱 등의 종목을 말한다.
8. "유급학생선수"라 함은 초·중·고등학교에 재학 중 인자 중 당해 학교급의 동일한 학년에 2년 이상 연속하여 재학 중 인자를 말한다.
9. "재수학생"이라 함은 각급 학교를 졸업한 후 당해 연도에 상급학교에 입학하지 않은 자를 말한다.
10. "등록변경"이라 함은 가맹단체에서 정한 바에 따라 선수등록된 자가 소속단체 및 등록지 등의 등재된 사항을 변경하는 것을 말한다.
11. "이적 동의서"라 함은 정해진 선수등록 절차에 따라 등록을 마친 후 소속단체를 변경할 경우에 전 소속단체장의 동의를 표시하는 양식을 말한다.
12. "클럽선수"라 함은 학교 또는 실업팀 등의 운동경기부 이외의 가맹단체에서 정한 바에 따라 스포츠클럽(체육시설, 체육관 포함) 소속으로 선수등록을 마친 자를 말한다.
13. "동호인선수"라 함은 일반인 또는 초, 중, 고등학교에 재학하고 있지 않는 청소년이 희망하는 종목을 정하여 당해 가맹단체에서 정한 절차에 따라 동호인부에 선수등록을 마친 자를 말한다.
14. "선수등록 관리시스템"이라 함은 선수등록업무의 효율적 관리를 위하여 체육회가 운용하는 전산 프로그램을 말한다.

제3조(제정의무) 가맹단체는 동 규정을 준용하여 당해 종목의 선수등록 및 선수활동에 필요한 사항을 정하며 당해 이사회 승인으로 선수등록 규정을 제정하고 체육회에 보고하여야 한다.

제4조(적용범위) ①가맹단체에 등록된 선수와 선수등록 및 선수 활동에

관여하는 자에게 적용한다.

②전국체육대회 및 전국소년체육대회 등 체육회가 주최·주관하는 대회참가에 관한 사항은 각각의 대회 참가요강에 의한다.

③외국 국적자의 선수등록에 대하여는 당해 국제연맹규정 및 관계법령이 허용하는 범위 내에서 가맹단체가 정하는 바에 따라 허용할 수 있다. 다만, 경기력 향상이 필요하다고 체육회가 인정하는 종목에 한한다.

제2장 선수등록

제5조(선수등록) ① 선수등록을 희망하는 학생은 체육회 가맹단체가 정한 절차에 따라 학교운동부 또는 승인된 스포츠클럽(체육시설, 체육관 소속 포함)소속으로 선수등록을 한다.

② 학생 이외 선수등록을 희망하는 자는 일반부(실업팀) 및 제7조에 준하여 각각 선수등록을 한다.

제6조(선수등록의 예외) ① 고등학교 재학 중 선수등록을 하고 선수활동을 하던 자가 고등학교 졸업 후 소정의 절차에 따라 실업팀으로 우선 취업한 후 취업 당해 연도 또는 그 이후에 대학교(주·야간 포함)에 진학한 자는 당해 가맹단체의 결정에 따라 제5조 및 제7조의 규정에 불구하고 일반부(실업팀) 소속으로 선수등록을 할 수 있다.

② 제1항에 의하여 일반부(실업팀)로 선수 등록한 자는 대학소속으로 등록 변경을 할 수 없다. 다만 야간대학에 재학 중 인자는 제14조 제2항 7호에 의한다.

③ 제1항에 의하여 일반부(실업팀)로 선수 등록한 자는 다음 각호의 직장운동부 소속에 한한다.

1. 기업체
2. 광역자치단체 및 기초자치단체
3. 공공기관 및 법인체
4. 시·도체육회 (근로소득지급, 근로소득원천징수영수증, 의료보험

카드 등 근로계약관계 증빙서류를 제출하는 경우에 한함)

제7조(등록구분) ① 가맹단체는 다음 각호에서 정한 바에 따라 구분하여 등록하여야 하며, 각 부별 등록연령 제한은 다음 각호의 정한바에 따라야 한다. 다만, 다음 각호에서 정한 연령을 초과하지 아니하는 범위 내에서 가맹단체의 특성에 따라 별도의 부를 둘 수 있다.

1. 초등부 (만 13세 이하)
2. 중학부 (만 16세 이하)
3. 고등부 (만 19세 이하)
4. 대학부
5. 일반부
6. 동호인부

② 교육기본법 제9조에 규정된 학교 중 (고등)기술학교, (고등)공민학교, 특수학교, 각종 학교 등에 재학 중 인자는 연령에 따라 다음 각호의 부별로 등록할 수 있다.

1. 중학부(만 16세 이하)
2. 고등부(만 19세 이하)
3. 대학부

③ 교도소(소년원 포함)에서 육성하고 있는 선수는 소관부처장의 요청이 있을 경우 연령에 따라 다음 각호의 부별로 등록할 수 있다.

1. 중학부(만 16세 이하)
2. 고등부(만 19세 이하)
3. 일반부

④ 가맹단체가 승인한 스포츠클럽(체육시설, 체육관 소속 포함)선수는 연령에 따라 다음 각 호의 부별로 등록한다. 다만, 스포츠클럽의 시설공인 및 등록, 운영 등 세부 승인규정은 당해 가맹단체 이사회가 이를 따로 정하여야 하며, 체육회 및 국가(지방자치단체 포함)가 지원하여 운영하는 스포츠클럽은 특별한 사유가 없는 한 가맹단체가 승인한 것으로 한다.〈개정 2008. 4. 25.〉

1. 초등부(만 13세 이하)

2. 중학부(만 16세 이하)

3. 고등부(만 19세 이하)

4. 대학·일반부

제8조(등록시기) ① 등록기간은 가맹단체별로 결정하되 매년 5월 31일 이전에 한하며, 추가 등록과 신인선수 및 신설팀은 예외로 한다.

② 추가등록은 당해 단체에서 정한 기한 내에 등록하여야 하며, 추가등록과 신인선수 및 신설팀의 등록시기와 회수는 당해 가맹단체가 결정한다.

③ 선수등록은 등록 마감일까지 선수등록관리시스템을 통해 등록 신청되거나 마감 당일소인의 우편물까지 유효하다.

제9조(등록자격) ① 학생선수의 등록자격은 다음 각 호에 해당하는 자로 전학 및 학교급을 달리하거나 이적 동의서를 발급 받지 못한 경우에도 등록의 제한을 받지 아니한다.

1. 교육기본법 등 관계법규에 정해진 학교에 입학, 재입학, 복학, 전학 및 편·입학 방법과 절차에 따라 초등학교, 중·고등학교 및 이에 준하는 학교에 재학 중 인자
2. 교육기본법 등 관계법규에 정해진 학교에 입학, 재입학, 복학, 전학 및 편·입학 방법과 절차에 따라 대학교(전문대학 및 야간 대학교 포함) 및 이에 준하는 학교(교육과학기술부장관이 관보에 공고한 학교 포함)에 재학 중 인자로서 당해 학기에 학생 등록을 필한 자(학생등록의 학기는 학사 편입자를 포함하여 총 12학기까지 인정한다.)
3. 고등학교 또는 대학졸업예정자(졸업자 포함)로서 취업하여 선수활동을 하고자 하여 본인의 지원(보호자 확인 날인)과 소속 학교장의 추천을 받은 자(대학원 재학생 포함)
4. 기타 가맹단체가 승인한 스포츠클럽(체육시설, 체육관 소속 포함)에 소속된 자

② 학생선수 이외의 일반 실업팀·동호인선수·클럽선수 등은 다음 각 호에 해당하는 자로 소속을 변경하거나 이적동의서를 발급 받지 아

니한 경우에도 등록의 제한을 받지 아니한다.

1. 일반 실업팀에 1년 이상의 일정기간 채용되거나 계약에 의해 소속을 정한 자
2. 동호인선수 또는 클럽선수를 목적으로 지속적인 체육활동을 하여 3개월 이상 소속을 정한 자

③ 선수등록을 희망하는 자에게 가맹단체는 당해 이사회의 의결을 거쳐 소정의 선수등록비를 징수할 수 있다.

제10조(지원서의 관리) ① 제9조 제1항 2호의 규정 중고등학교 졸업 예정자(졸업자 포함)로서 대학교(전문대학 포함)에 진학하여 선수활동을 하고자 하는 자는 본인의 지원(보호자 확인 날인)과 소속 학교장의 추천을 받아야 하며 졸업예정자와 소속 학교장은 매년 3월 1일 이후 1회에 한하여 지원 및 추천할 수 있다. 다만, 지원서를 접수받은 대학에서 입학을 인정할 수 없는 사유가 발생하였을 때에는 당해 대학의 확인을 받아 타 대학에 재 추천할 수 있으나 졸업예정자가 진학하기로 결정하였을 경우에는 이를 변경할 수 없다.

② 제9조 제1항 3호의 규정 중 고등학교 또는 대학졸업예정자(졸업자 포함)로서 취업하여 선수활동을 하고자 하는 자는 본인의 지원(보호자 확인 날인)과 소속 학교장의 추천을 받아야 하며 졸업예정자와 소속 학교장은 매년 3월 1일 이후 1회에 한하여 지원 및 추천할 수 있다. 다만, 지원서를 접수받은 실업팀에서 취업을 인정할 수 없는 사유가 발생하였을 때에는 당해 실업팀의 확인을 받아 타 실업팀에 재 추천할 수 있으나 졸업예정자가 취업하기로 결정 하였을 경우에는 이를 변경할 수 없다.

③ 진학 및 취업에 이용되는 지원서는 체육회 가맹단체가 체육회로부터 지급받아 관리하여 진학 또는 취업코자 하는 선수에게 1인 1매로 한정하여 본인의 서명 날인 후 지급한다.〈개정 2009. 9. 15.〉

④ 대학진학 또는 취업을 위하여 소속단체장에게 추천을 신청하였을 경우, 특별한 사유가 없는 한 15일 이내에 추천하여야 한다.

⑤ 진학 및 취업 추천서를 작성하여 발급한 소속단체장은 추천서 작

성일로부터 7일 이내에 동 추천서 사본을 체육회 가맹단체에 제출하여야 하며, 가맹단체는 이를 해당 팀과 기타 관련 팀에게 즉시 통보하여야 한다.

제11조(등록자격의 제한) ① 초·중·고등학교 및 대학교(전문대학 포함)졸업예정자의 상급학교 진학 또는 취업에 따른 등록은 당해 학교급의 최종학년도 졸업(자퇴) 이후로 한정한다.

② 학교팀의 단체경기에 있어 대학, 교육대학 및 전문대학생을 혼성하여 단체등록 할 수 없으며, 동일재단 또는 동일구내 학교라 할지라도 혼성하여 등록할 수 없다.

③ 재학 중 휴학 중 인자와 해외유학생은 해당기간 동안 당해 학교급 또는 일반부선수로 등록 할 수 없다.〈개정 2008. 4. 25.〉

④ 군에 복무 중 인자는 대학 또는 실업팀 소속선수로 등록할 수 없다. 단, 공익근무요원은 배정된 소속단체로 등록할 수 있으나 국군체육부대 및 경찰청 소속선수는 예외로 한다.

⑤ 대학원 재학생 및 학생신분(제5조 1항 제외)이 아닌 실업팀 선수는 일반부로 등록한다.〈개정 2008. 4. 25.〉

⑥ 외국에 등록된 선수이거나 외국 국적자는 출입국관리법 등 관계법령이 허용하는 범위 내에서 가맹단체별로 등록 여부를 정할 수 있다.

⑦ 동일인이 제7조에서 정한 각 부에 이중으로 등록할 수 없으며, 동일인이 2개 이상의 가맹단체에 중복하여 선수등록을 신청한 경우에 가맹단체가 특별히 정하지 아니하는 한 이중등록으로 보지 아니한다. 다만, 시·도를 달리한 경우에는 2개 이상의 종목에 등록할 수 없다.

⑧ 동 규정과 가맹단체의 관련규정에서 허용하는 범위 이외의 경우에는 선수등록을 할 수 없다.

제12조(등록절차) ① 체육회가 운영하는 선수등록 관리시스템으로 다음 각호의 등록절차를 시행하여 전산출력물로 등록서류를 대체해야 하며, 시·도체육회는 시·도 가맹단체의 예비심사기능을 지도 감독하여야 한다.

1. 선수등록은 소속단체 단위로 일괄등록 신청함을 원칙으로 한다.

다만, 동호인선수는 당해 가맹단체가 정한 바에 따라 해당 시·도 소속팀으로 신청할 수 있다.

2. 선수등록을 희망하는 자는 선수카드를 포함한 선수등록부를 작성하여 해당 선수 및 단체가 소속된 시·도 가맹단체에 제출한다.
3. 시·도 가맹단체는 각종 규정 및 지침에 따라 예비 심사 후 결격사유에 저촉되지 않는 경우 경유란에 확인하여 시·도체육회에 보고한다.
4. 시·도체육회에서는 제출 받은 등록서류에 대해 1차 심사 후 경유란에 확인하여, 체육회 가맹단체에 확인 요청을 해야 한다.
5. 가맹단체는 선수등록의 자격 여부에 대한 심사 후 15일 이내에 그 결과를 시·도체육회에 송부하고 1부는 비치하되, 필요에 따라 1부를 전국연맹체에 송부한다.

② 선수등록 관리시스템에 등록되지 않은 선수는 등록선수로 인정하지 아니한다.

③ 가맹단체는 선수등록 마감일로부터 선수등록을 확정하여 2주일 이내에 체육회에 보고해야 한다.

④ 등록선수의 기본정보, 경기실적, 상벌사항, 국가대표정보 등을 체육회 홈페이지 및 체육정보시스템을 통하여 공개 및 자료 요청자에게 제공할 수 있으며, 이는 공공기관의 정보공개에 관한 법률 및 체육회 내규에 따른다.〈신설 2008. 4. 25.〉

第13조(등록지) ① 선수등록은 해당 선수 및 단체가 소속되어 있는 시·도 가맹단체에 등록하여야 한다.

② 학교팀에서 대학의 본교와 분교가 서로 행정구역(시·도별)이 상이할 경우 개인종목은 행정구역 별로 각각 등록하여야 하며, 단체종목과 개인단체전 종목은 본교와 분교를 각각 별도 팀으로 등록하거나 본교와 분교를 혼성하여 등록하되, 등록지는 당해 학교가 지정하는 등록지로 한다.

③ 방송통신대 및 원격대학의 학교팀은 1회에 한하여 당해 학교가 지정하는 등록지로 등록할 수 있으며, 지정된 등록지는 변경할 수 없다.

제14조(등록변경) ① 등록을 마친 자의 등록사항 변경은 변경사유를 심사하여 당해 위원회가 결정하여 변경 조치할 수 있다.

② 다음 각 호에 해당되는 경우에는 등록지 및 소속단체의 변경에 따른 제한을 받지 아니한다.

1. 정당하게 초등학교, 중·고등학교 학생선수의 진학으로 인한 신입생의 경우
2. 고등학교, 대학교 등 학생선수의 졸업 후 취업할 경우 사회적인 물의를 야기 시키지 않는 범위 내에서 가맹단체의 위원회가 승인한 자
3. 군 입대 및 제대 후 원소속으로의 복귀 경우
4. 소속단체의 해체 및 실업선수의 계약만료의 경우
5. 정책종목을 육성하는 체육 중·고등학교(또는 체육과)가 없는 시·도의 학생이 정책종목에 한하여 타 시·도 체육 중·고등학교에 입학 또는 전학을 허가받은 경우
6. 동호인 선수는 거주지로 등록이 되어야 하나 희망에 따라 소속단체장의 동의 없이도 소속단체를 변경할 수 있으나 등록변경 기간까지를 우선으로 한다.
7. 야간대학선수에 한하여 재학 중 실업팀 선수로 이적하거나, 실업팀선수가 재직 중 야간대학선수로 이적은 1회에 한하여 전 소속단체장의 동의서를 첨부하여 등록변경 할 수 있다.

③ 동 규정에서 정한 등록절차를 준수하지 않을 경우 선수등록의 변경을 인정하지 아니한다.

제15조(선수구제) ① 전 소속단체장이 부당하게 이적동의서 발급을 거부하는 것이 명백한 경우, 당해 가맹단체 위원회는 1개월 이내에 심의·조정하여 당해 소속단체장에게 의견을 제시할 수 있다.

② 위원회의 의견에도 불구하고 당해 소속단체장이 부당하게 이적동의서 발급을 기피할 경우, 당해 가맹단체 위원회에서 구제결정을 할 수 있으며, 그 결과를 즉시 소속단체장 및 구제신청자에게 통보하여야 한다.

③ 등록된 선수가 선수활동에 있어 동 규정 및 특별한 사유로 부당하게 선수활동 제한을 받는 경우 당해 가맹단체 위원회에서 구제결정할 수 있다.

④ 타의에 의하여 부당하게 이중등록이 되었을 경우에는 당해 가맹단체에 대하여 즉시 부당 등록 시정을 요청하여야 한다.

제3장 선수 활동

第16条(선수활동의 자격) ① 가맹단체의 선수등록 절차에 따라 일정한 자격을 갖춘 자만이 당해 종목의 선수로서 선수활동을 할 수 있다.

② 선수활동 여부는 등록절차에 따라 매년 선수등록을 마친 자로 한다.

第17条(선수활동의 제한) ① 가맹단체에서 주최·주관하는 모든 대회참가에 따른 선수활동에 관한 사항은 당해 가맹단체가 정하는 대회별 참가요강에 의한다.

② 각종 경기대회의 참가는 대회 개시일을 기준으로 해당 학교(단체)의 최소 재적기간을 당해 가맹단체의 실정에 따라 설정할 수 있다. 단, 각급학교 1학년 또는 소속단체 1년차와 해외유학선수가 원소속으로 복귀할 경우에 한하여 3월말 현재 재학 중 인자는 대회에 참가할 수 있다.

③ 선수 포기 의사를 서면으로 제출한 자 또는 가맹단체가 인정하는 특별한 사유 없이 선수등록을 2년 이상 하지 않은 자는 새로이 선수등록을 한 날로부터 최소 만 2년이 경과한 때부터 선수활동을 할 수 있다.

④ 전 소속단체장의 이적 동의서를 발급 받지 못한 경우 선수등록 변경일로부터 학교급 및 소속팀을 달리한 기간을 포함하여 최소 만 2년 동안 선수활동의 제한을 받는다.

⑤ 당해 학교급(초, 중, 고)에서 유급 사실이 2회 이상인 자는 당해 학교급에서 선수활동을 할 수 없다.

⑥ 당해 학교급을 졸업하여 재수 사실이 2회 이상인 자는 상급 학교

급(대학교 제외)에서 선수활동을 할 수 없다.

⑦ 재수 사실이 있는 자가 상급 학교급(대학교 제외)에서 1회 이상의 유급을 한 자, 또는 당해 학교급(중)에서 유급한 사실이 있는 자로서 졸업 후 재수 사실이 있는 자는 상급 학교급(고)에서 선수활동을 할 수 없다.

⑧ 프로 및 유사단체 선수에 대한 등록 및 대회 참가는 가맹단체의 실정에 따라 제한할 수 있다.

⑨ 선수등록을 마친 자라 할지라도 체육회 가맹단체에서 징계를 받은 자는 그 징계에 따라 선수활동의 제한을 받는다.

⑩ 제12조 절차에 의하여 선수등록 신청한 자가 당해 가맹단체의 최종 확정이 되지 아니한 자는 선수활동을 할 수 없다. 〈신설 2008. 4. 25.〉

제18조(선수활동 제한의 예외) ① 학교팀 소속으로 선수등록을 마친 자중 다음 각 호의 경우에는 선수활동의 제한을 받지 아니한다.

1. 소속학교가 운동부를 해체하여 당해 연도에 당해 시·도교육청 관내에서 동일종목 운동부를 설치한 학교로 전학하고자 하였으나, 당해 관내 학교의 체육특기자 정원이 부족하여 부득이 타 시·도의 동일종목이 설치된 학교로 전학한 자.
2. 당해 연도에 상급학교에 진학하고자 하였으나, 당해 시·도교육청 관내에는 동일종목 운동부가 설치된 학교가 없거나, 당해 관내 상급학교의 체육특기자 정원이 부족하여 부득이 타 시·도의 동일종목이 설치된 학교로 진학한 자.
3. 전 소속단체장이 특별한 사유(보호자 생계유지를 위한 거주지 이동으로 전 가족이 전·출입이 확인될 경우 등에 준해 한정)를 인정하여 이적동의서를 발급받은 자이거나 당해 가맹단체 위원회에서 구제결정이 확정된 자

② 학교팀 소속으로 선수등록을 마친 자 중 유급 또는 재수자는 다음 각호의 경우에는 선수활동의 제한을 받지 아니한다.

1. 가정 빈곤의 사유로 부득이 유급 또는 재수한 자로서 당해 학교장이 정당한 사유가 있다고 인정하는 자

2. 신체적성 및 경기력 등 운동선수로서의 기량이 월등하다고 당해 학교장이 판단하여 당해 시·도 가맹단체와 시·도체육회장의 의견을 받아 추천되어 가맹단체 위원회가 승인한 자
3. 부상, 질병으로 유급한 학생 중 가맹단체가 정한 진단서를 첨부한 자로 입원으로 인해 수업일수가 부족하거나 입원 이외의 일반가료로 6개월 이상의 치료를 받은 자(단, 당해 가맹단체가 특성을 고려하여 제한하는 경우 제외)

③ 학생선수 이외의 신분으로 선수등록을 마친 자중 다음 각 호의 경우에는 선수활동의 제한을 받지 아니한다.

1. 외국에서 귀국한 자중 신체적성 및 경기력 등 운동선수로서의 기량이 월등하다고 판단되어 당해 시·도 가맹단체와 시·도체육회장의 의견을 받아 추천되어 가맹단체 위원회가 승인한 자
2. 부상, 질병으로 공무원채용신체검사규정에 의한 병·의원장 또는 보건소장 발행의 진단서를 첨부한 자로 입원 하거나 입원 이외의 일반 가료로 6개월 이상의 치료를 받은 자
3. 소속단체의 해체
4. 실업선수가 소속팀과 계약만료 또는 계약만료에 따른 사직 이후 다른팀으로 이적하고 선수등록을 변경한 자. (단, 당해 가맹단체는 종목의 특성을 고려하여 일정기간 그 활동을 제한할 수 있으나, 그 제한기간은 선수등록 변경일로부터 6개월 이내에 한함.)
5. 군 입대 및 제대 후 원소속의 복귀시 가맹단체가 정한 선수등록 기한내에 선수등록을 하지 못한 자

제4장 징계 조치

제19조(제한조치) ① 체육회 또는 당해 가맹단체에서 정한 동 규정을 위반한 자에 대하여는 다음과 같이 조치하여야 한다.

1. 선수(보호자가 포함된 경우 포함) : 최소 1년 이상 5년 이하의 선수활동(동호인 포함) 금지

2. 관련된 임·직원(단장, 감독, 코치 포함) : 최소 2년 이상 5년 이하의 당해 가맹단체의 활동 자격정지

3. 학교 관련자(교장, 관련교사, 코치 등) : 소속기관장에게 의뢰하여 징계 의뢰(단, 감독, 코치는 제2호 조치 병행)

② 징계 만료 이후 및 징계해제 후 재위반한 경우에는 그 자격을 영구히 박탈한다.

③ 체육회 가맹단체는 전항에 의거, 규정 위배자에 대하여 징계종류, 징계대상자 및 징계기간을 설정하여야 하며, 징계코자 할 경우에는 체육회 법제·상벌 위원회규정 제4장에 의하여 처리한다.

④ 체육회에서 운영하는 선수등록관리시스템에 등록을 지연시켜 선수활동에 지장을 초래한 관계자는 그 자격을 최소 1년 이상 3년 이하 또는 인사위원회(상벌위원회)에 회부하여 징계조치한다.

제20조(위반자 조치절차) ① 체육회 또는 당해 가맹단체는 위반자에 대해 징계종류, 징계 대상자 및 기간 등을 결정하여 당해 가맹단체의 상벌위원회에 상정하여 그 절차에 따라 조치한다.

② 학교 관련자에 대하여 징계 이외에 신분상의 제한이 필요한 경우 체육회에 건의할 수 있다.

③ 징계가 확정된 후 그 징계의 2분의 1이 경과하지 아니한 경우에는 경감 또는 변경, 해제시킬 수 없다.

④ 징계 조치를 받은 자에 대한 징계의 해제, 변경된 경우에는 정해진 절차에 따라 재등록하여야 한다.

부칙

1. (시행일) 이 개정 규정은 이사회 의결일〈2009. 9. 15.〉부터 시행한다.

참고 문헌

1. 정현필, 『의식과 사회자론』 (서울 : 한올출판사, 2002)
2. 정현필, 『우리말 편람』 (서울 : 한올출판사, 2000)
3. 정현필, 『헌병조직의 역량강화를 위한 효율적인 조직경영에 관한 고찰 -효율적인 조직경영을 위한 상황변수 혁신과 창조적 리더십을 중심으로』 (충남 : 공군전투발전단, 2009)
4. 외교통상부, 『의전실무편람』 (서울 : (주)더우링 E & P, 2002)
5. 공군사관학교, 『예식 편람』 (충북 : 공군교재창, 2004)
6. 공군교육사령부, 『행사 편람』 (충북 : 공군교재창, 1999)
7. 국립국어연구원·조선일보, 『우리말의 예절(상·하) 』 (서울 : 조관출판인쇄주식회사, 2000)
8. 민중서림편집국, 『엣센스 국어사전』 (서울 : 신우인쇄(주), 1999)
9. 국가정보법령센터, 『국민체육진흥법』 (서울 : 국가 정보법령센터, 2010)
10. 국가정보법령센터, 『국민체육진흥법 시행령』 (서울 : 국가정보법령센터, 2010)
11. 국가정보법령센터, 『국민체육진흥법 시행규칙』 (서울 : 국가정보법령센터, 2010)
12. 대한체육회, 『대한체육회 정관』 (서울 : 대한체육회, 2010)
13. 대한체육회, 『체육인 윤리강령』 (서울 : 대한체육회, 2010)
14. 대한체육회, 『선수등록규정』 (서울 : 대한체육회, 2010)
15. 대한골프협회, 『골프규칙』 (서울 : 대한골프협회, 2010)
16. 대한산악연맹, 『등산교실』 (서울 : 대한산악연맹, 2010)
17. 대한래프팅협회, 『국제래프팅협회 경기규칙』 (강원 : 대한래프팅협회, 2010)
18. 무주코리아레져, 『래프팅』 (전북 : 무주코리아레져, 2010)
19. 경북래프팅, 『래프팅』 (경북 : 경북래프팅, 2010)
20. 대한볼링협회, 『볼링교실』 (서울 : 대한볼링협회, 2010)
21. 대한배드민턴협회, 『배드민턴 경기규정』 (서울 : 대한배드민턴협회, 2010)

22. 대한수상스키·웨이크보드협회, 『국제수상스키연맹경기규칙』(서울 : 대한수상스키·웨이크보드협회, 2010)
23. 대한수영연맹, 『종목 소개』(서울 : 대한수영연맹, 2010)
24. 대한스키협회, 『스키경기규칙』(서울 : 대한스키협회, 2010)
25. 대한야구협회, 『야구규칙』(서울 : 대한야구협회, 2010)
26. 대한축구협회, 『축구경기규칙』(서울 : 대한축구협회, 2010)
27. 대한태권도협회, 『겨루기경기규칙·품새경기규칙』(서울 : 대한태권도협회, 2010)
28. 대한테니스협회, 『테니스규칙』(서울 : 대한테니스협회, 2010)
29. "혈액형에 따른 특성들", http:blog.daum. net /printView.html, 2009. 7. 22.
30. "한국인의 얼굴", http://cafe401.daum.net, 2009. 7. 22.

Memo

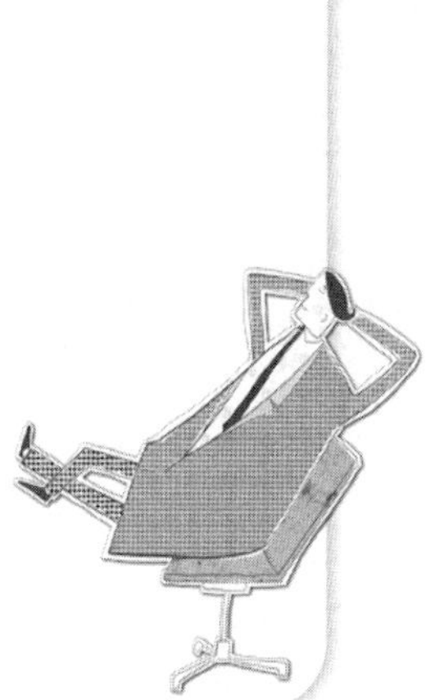

저자약력

정 현 필

- 대전고등학교 총동창회 이사
- 동국대학교 총동창회 이사
- 동국대학교 경영대학원 졸업(MBA)
- 공군사관후보생 75기(인사행정 예비역 대령)
- 공군제7항로보안단 본부중대장 역임
- 본부사령실 본부대대장 역임
- 공군제7항로보안단 전속부관 역임
- 공군군수사령부 비서실장 역임
- 공군제17전투비행단 행정관실장 역임
- 공군제30방공관제단 행정관실장 역임
- 공군군수사령부 행정처장 역임
- 공군교육사령부 행정처장 역임
- 공군사관학교 행정처장 역임
- 17비·30단·교육사·군수사·공사 문서보존소장
- 공군본부 자료관담당관
- 17비·30단·교육사·군수사 보통군사법원 심판관 및 재판장
- 제24회 서울올림픽대회조직위원회 야구담당관실 3급 역임
- 2007년 한국항공우주 및 방위산업전시회
- 공동운영본부 공식행사팀장 대통령 개막식 시행
- 공군 임관식 29회 시행
- 공군 이취임식 70회 시행
- 국가 I급행사 6년차 시행
- 공군 성무야구단 감독 역임
- 국군 상무야구단 감독 역임
- 심판강습교육 수료
- 기록강습교육 수료
- 야구경기지도자 II급
- 심리상담사 II급
- 레크리에이션지도자 II급
- 웃음치료전문가 II급
- 의식과 사회자론(한올출판사)
- 우리말 편람(한올출판사)
- 리더십 유형과 직무태도에 관한 고찰(동국대학교 경영대학원)
- 헌병조직의 역량강화를 위한 효율적인 조직경영에 관한 고찰(공군전투발전단)
- 2002년도 신지식 공군인 선정
- 공군본부 및 전대급 이상 기록물관리책임관 및 책임자 순회 특강
- 국군606기무부대 등 군부대 특강
- 국립 한밭대학교 옴니버스 일반강좌 특강
- 대전고등학교 교직원 특강
- 자율장학 협력학교 공동연수단 특강
- 국민생활체육 대전광역시 야구연합회 교육부회장
- 대전대학교 군사연구원 연구위원
- 우송정보대학 사회체육과 교수

저자약력

한 성 수

- 건국대학교 대학원(이학박사)
- 우송정보대학 사회체육과 학과장

스포츠의 매너

2010년 10월 5일 초판1쇄 인쇄
2010년 10월 11일 초판1쇄 발행

저자와의 협의하에 인지생략

저 자 정현필 · 한성수
펴낸이 임 순 재
펴낸곳 한올출판사
등록 제11-403호
121-849
주 소 서울시 마포구 성산동 133-3 한올빌딩 3층
전 화 (02)376-4298(대표)
팩 스 (02)302-8073
홈페이지 www.hanol.co.kr
e-메 일 hanol@hanol.co.kr
정 가 13,000원

- ISBN 978-89-8325-950-9